MY HEILMANN

BURGEN UND RITTER AM RHEIN

Loreley von H. Heine.

Ich weiß nicht was soll es bedeuten,
Daß ich so traurig bin;
Ein Mährchen aus alten Zeiten,
Das kommt mir nicht aus dem Sinn.

Die Luft ist kühl und es dunkelt,
Und ruhig fließt der Rhein;
Der Gipfel des Berges funkelt
Im Abendsonnenschein.

Die schönste Jungfrau sitzet
Dort oben wunderbar;
Ihr goldnes Geschmeide blitzet,
Sie kämmt ihr goldenes Haar.

Sie kämmt es mit goldenem Kamme
Und singt ein Lied dabey;
Das hat eine wundersame
Gewaltige Melodey.

Den Schiffer im kleinen Schiffe
Ergreift es mit wildem Weh;
Er schaut nicht die Felsenriffe
Er schaut nur hinauf in die Höh'.

Ich glaube, die Wellen verschlingen
Am Ende Schiffer und Kahn;
Und das hat mit ihrem Singen
Die Lore-ley gethan.

MY HEILMANN

Burgen und Ritter am Rhein

zwischen Bingen und Koblenz
Geschichte und Legenden

Mercator-Verlag

Inhalt

2. überarbeitete Auflage

Verlag Fachtechnik + Mercator-Verlag, Duisburg
Gesamtherstellung:
Augsburger Druck- und Verlagshaus GmbH

ISBN 3-87463-081-1

Vorwort und Einführung

Motto:
„Unsere Nation, unsere Zivilisation und alle anderen Werte, die mit jener oder diesen verbunden sind, entspringen in unserer europäischen Welt aus zwei Wurzeln: aus ritterlicher Haltung und religiösem Geist.“ (Edmund Burke in Reflections on the revolution in France [1790]).

Der bemerkenswerteste Teil des Rheintals ist die Strecke zwischen Bingen und Koblenz. Diese Landschaft mit ihren Burgen über dem Rhein ist nicht nur von einmaliger romantischer Schönheit, sondern auch geprägt durch die geschichtliche Zusammengehörigkeit. Sie war Einflußbereich der Erzbischöfe von Mainz und Trier, der kurfürstlichen Pfalzgrafen und der mit ihnen zusammenhängenden Ritterfamilien, die auf ihren Rheinburgen für das geschichtliche Geschehen maßgebend waren. Was auf einer der zahlreichen Burgen geschah, wirkte sich auf das ganze Gebiet zwischen Bingen und Koblenz aus. Diese romantische und reizvolle Landschaft des Mittelrheins haben Dichter besungen und Maler in ihren Bildern verewigt. Ungezählte Menschenscharen kommen aus allen Ländern herbei. Es ist nicht allein die bezaubernde Schönheit des Rheintals, die sie bezwingt, sie werden berührt von der Erinnerung an den Geist der Ritterzeit, den verschiedenartigen Schicksalen, die heute noch so lebendig sind in dieser Landschaft mit ihrem breiten zeitlosen Strom, ihren uralten Städtchen, den sanften lieblichen Rebenhängen und den zahlreichen Burgen auf schroffen Felsenklippen, die – wenn auch zerklüftet, zerfallen, von Zeit und Wetter zerzaust – doch noch in ihrer Standhaftigkeit so lebensvoll und mahnend das Tal beherrschen, das sie im Kampf der Jahrhunderte, im stürmischen Wandel herber Zeiten getreulich bewacht haben.

Welcher Reisende, stromauf, stromab, schenkt den Burgen, die wie Schemen an seinen Augen vorübergleiten, mehr als einen kurzen neugierig bewundernden Blick? Und wer merkt sich die Namen dieser Bauwerke, die ihre stolze, kriegerische Vergangenheit überdauerten? Beides ist schnell vergessen und sollte doch einer bleibenden Erinnerung wert sein.

Dieses Buch bringt nicht etwa eine zusammenhängende geschichtliche Darstellung der mittelalterlichen Zeit und ihrer imposanten Burgen, die sich wachsam auf den Felsenhöhen über den Ufern des Mittelrheins erhoben, und ihrer Ritter, die, gepanzert, in Ausfall und Verteidigung unermüdlich durch Generationen ihren Besitz und den ihrer Lehensherren wahrten und beschützten.
Sinn des Buches ist es, schlaglichthaft die Burgen und das Leben auf ihnen während ihrer Glanzzeit zu beleuchten, und den Betrachter so zu beeindrucken, wie es ein Lächeln zu zaubern vermag, das ein verschlossenes Antlitz plötzlich erhellt und seinen eigenartigen Reiz lebendig werden läßt. Dabei habe ich die historische Wirklichkeit so wiedererstehen lassen, wie sie bezeugt wird durch die Burgruinen, die Standbilder der Ritter und die aus jenen Zeiten erhaltenen Urkunden.
Dieses Buch soll keine Sammlung historischer Fakten sein. Vielmehr habe ich das Buch geschrieben, um Liebe und Verständnis für die einmalige Schönheit dieser Landschaft zu erwecken.

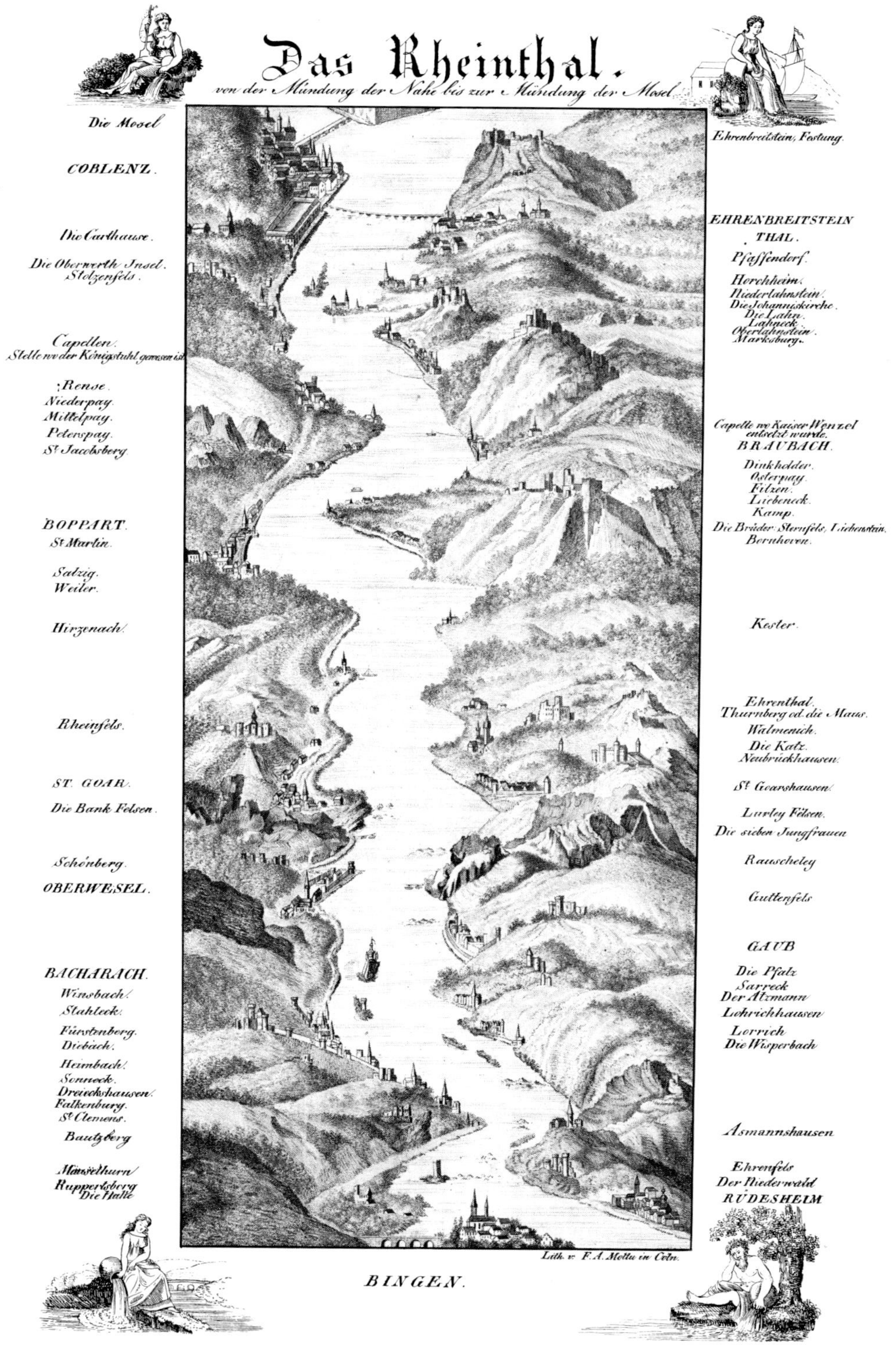
Das Rheinthal.
von der Mündung der Nahe bis zur Mündung der Mosel.
Die Mosel
COBLENZ.
Die Carthause.
Die Oberwerth Insel.
Stolzenfels.
Capellen.
Stelle wo der Königsstuhl gewesen ist
Rense.
Niederpay.
Mittelpay.
Peterspay.
St Jacobsberg
BOPPART.
St Martin.
Salzig.
Weiler.
Hirzenach.
Rheinfels.
ST. GOAR.
Die Bank Felsen.
Schönberg.
OBERWESEL.
BACHARACH.
Winsbach.
Stahleck.
Fürstenberg.
Diebach.
Heimbach.
Sonneck.
Dreieckshausen.
Falkenburg.
St Clemens.
Bautzberg
Mäuselthurn
Ruppertsberg
Die Halle
Ehrenbreitstein, Festung.
EHRENBREITSTEIN
THAL.
Pfaffendorf.
Horchheim.
Niederlahnstein.
Die Johanniskirche.
Die Lahn.
Lahneck.
Oberlahnstein.
Marksburg.
Capelle wo Kaiser Wenzel entsetzt wurde.
BRAUBACH.
Dinkholder.
Osterpay.
Filzen.
Liebeneck.
Kamp.
Die Brüder Sternfels, Liebenstein.
Bornhoven.
Kester.
Ehrenthal.
Thurnberg od. die Maus.
Walmenich.
Die Katz.
Neubrückhausen.
St Goarshausen.
Lurley Felsen.
Die sieben Jungfrauen.
Rauscheley
Guttenfels
GAUB
Die Pfalz
Sarreck
Der Atzmann
Lohrichhausen
Lorrich
Die Wisperbach
Asmannshausen
Ehrenfels
Der Niederwald
RÜDESHEIM
Lith. v. F. A. Mottu in Cöln.
BINGEN.

Burg Klopp – Drusenburg bei Bingen

Auf der Höhe über Bingen stand in alten Zeiten ein römisches Kastell, die Drusenburg, die den Weg nach Köln und Trier bewachte. Von hier aus besetzte der kaiserliche Feldherr Drusus die Ufer des Rheins und errichtete weitere Kastelle. Auf den Fundamenten solcher Befestigungen erhoben sich später viele der Burgen, die heute dem Rheintal einen so romantischen Reiz verleihen. Es waren böse und wilde Zeiten, als die Römer mit ihren Legionen in Germanien eindrangen, und von den Rheinbergen das Kriegsgeschrei der Horden widerhallte. Gegen die eiserne römische Herrschaft erhoben sich im Jahre 69 nach Christi Geburt Stämme eines germanischen Volkes: die Treverer und die im Rheindelta ansässigen Bataver. Doch schon ein Jahr später wurde der Aufstand blutig niedergeschlagen. Der Chronist Ausonius (gest. 393) – lateinischer Dichter, Weltmann und Gelehrter – behauptet, er habe auf seiner Reise nach Trier „bei Binginum (Bingen) noch die Gebeine der Gefallenen bleichen sehen, die dort unbegraben verwitterten, seit der Trevererfürst Tutor im Bataveraufstand eine tödliche Niederlage erlitt".

Im Wechselspiele des Zeitgeschehens wurde die Drusenburg von den Normannen berannt und zerstört. Von wem die Drusenburg – 1282 in Burg Klopp umbenannt – wieder aufgebaut wurde, ist unbekannt. Wahrscheinlich durch Reichsgewalt, weil die auf den römischen Fundamenten neu erstandene Burg Reichsfeste war und es auch blieb, bis Kaiser Otto II. sie samt dem Rheingau dem Erzbischof Willigis von Mainz schenkte. Die rheinischen Regesten enthalten eine Urkunde darüber vom 11. Juni 983, dem Todesjahr des Kaisers: „Erzbischof Willigis interveniert bei Kaiser Otto II., welcher dem Mainzer Erzstift, dem jetzt Willigis als Erzbischof vorsteht, nicht allein alles, was das Erzstift Mainz von seinen Vorfahren und ihm in der Stadt Bingen bereits erhalten, bestätige, sondern ihm noch alles dazu schenkt, was er daselbst eigentümlich besitze, und die Schenkung solle sich nicht allein auf das in der Stadt Bingen beschränken, sondern auch auf alles ausdehnen, was in den umliegenden Orten gelegen und gewöhnlich der Campfennig heisse, und zwar diesseits des Rheins von der Brück über die Selz bei Ingelheim bis nach Heimbach und jenseits des Rheins von der Elzbach, wo sie in den Rhein fließe bis nach Caub."

Willigis war unter Kaiser Otto I., dem Großen (936–973), an den Kaiserhof berufen und zum Kanzler ernannt worden. Im Jahre 975 wurde er Erzbischof von Mainz (975–1011); er war der Gründer des Mainzer Doms.

Erzbischof Willigis starb hochverehrt als Kirchenfürst, Gelehrter und Politiker am 23. Februar 1011. Er wurde heilig gesprochen. In der von ihm erbauten Stefanskirche zu Mainz wird heute noch ein Meßgewand von ihm aufbewahrt.

Mit Willigis Tod fiel Burg Klopp an das Reich zurück. Mit ihrem Namen ist ein Schicksal verknüpft, das gewiß zu den bittersten eines Menschenlebens zählt: Hier verriet im Jahre 1105 der aufrührerische Heinrich V. seinen zur Versöhnung bereiten Vater Kaiser Heinrich IV. und raubte ihm mit ruchloser Arglist die Krone. Im Dom St. Kastor zu Koblenz gelobte am Weihnachtsfest der Sohn seinem Vater Treue und Gehorsam. In der Maske demütiger Sohnesliebe täuschte er den Vater und nahm ihn bei einer gemeinsamen Rast in Burg Klopp gefangen, brachte ihn auf die Reichsfeste Böckelheim und hielt ihn dort in schmachvollem Gewahrsam. Von seinem Unglück überwältigt erklärte sich der Kaiser bereit, auf seine Krone zugunsten des Sohnes zu verzichten. Es gelang ihm schließlich, aus der Gefangenschaft zu entfliehen und Anhänger zu sammeln. Doch nicht ein Jahr später stirbt er, zermürbt durch die Gefangenschaft und gebrochen von den vielen Schicksalsschlägen seines Lebens.

Heinrichs IV. Leben war gekennzeichnet durch: Fürstenverschwörungen, Bürgerkrieg, Bannfluch des Papstes, verbunden mit dem Bußgang nach Canossa und dem Kniefall im Büßerhemd vor Papst Gregor VII., dann folgte der Triumph über das Papsttum: Heinrich ließ sich 1083 zum Kaiser krönen und unternahm einen Kreuzzug ins Heilige Land im Jahre 1095. Alle diese schwerwiegenden Ereignisse überstand Heinrich IV., bis er im Jahre 1106, das zugleich sein Todesjahr war, dem hinterhältigen Verrat seines Sohnes unterlag.

Es war, als habe Burg Klopp ein Fluch getroffen über diesen Frevel, der in ihren Mauern seinen Anfang nahm, denn als Kaiser Friedrich I., genannt Barbarossa, vom Papst in den Bann getan, im Mai 1165 die Lande des Erzbischofs von Mainz überfiel, und auf diesem Zuge Bingen und Burg Klopp eroberte, brannte er sie aus und ließ ihre Mauern schleifen. Die Stadt Bingen traf das gleiche Schicksal. Sie wurde zerstört und gebrandschatzt. Aber schon im Jahre 1200 war die Burg schöner und wehrhafter wieder aufgebaut, und auch Bingen hatte sich aus dem Schutt erhoben und blühte lebhafter als zuvor. Die Bürger waren trotz der grausamen Geschehnisse in

Bingen und Burg Klopp

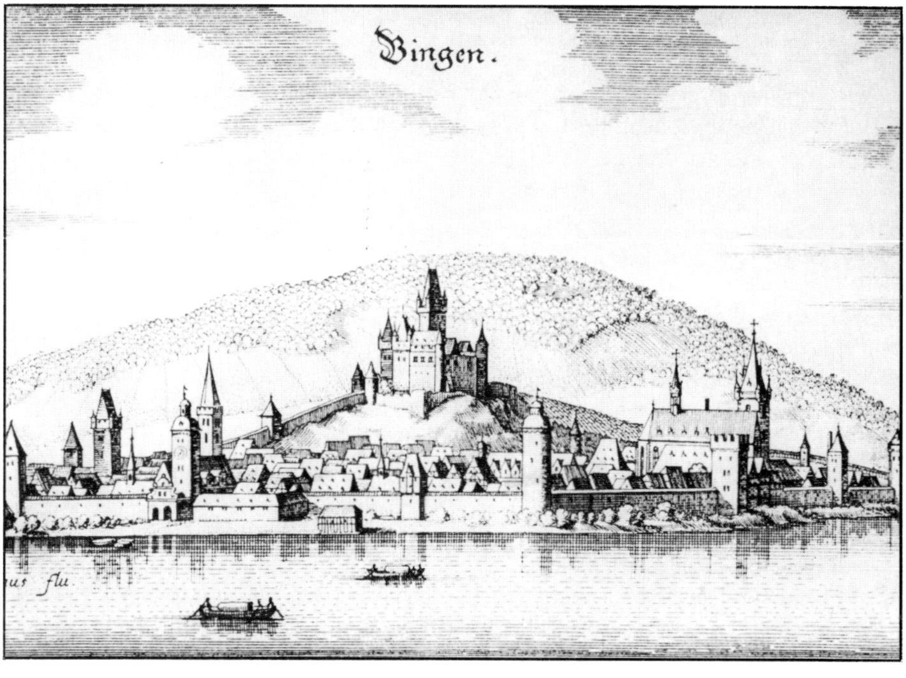

ihrem Übermut ungebrochen. 1230 erhoben sie sich gegen den Rat der Stadt und den Vogt Rheinbod. Sie belagerten die Burg, und erst als man diese durch Hilfe entsetzte, wurden die wehrhaften Bürger überwunden und es wurde zu Bingen auf dem Marktplatz ein Blutgericht mit Folter und Qual gehalten, das alles bisherige grausame Erleben in den Schatten stellte. Da den streitsüchtigen Bingern auch dann noch nicht zu trauen war, setzten die Erzbischöfe von nun an nur noch erprobte Mannen auf die Burg. Nach dem Erlöschen des tapferen Geschlechts der Rheinbode bewohnten die Ritter von Rüdesheim, von Stromberg und die Grafen von Sponheim als Burgmannen die Burg Klopp.

Ein Graf von Sponheim war es auch, der es unter Mithilfe anderer Edler im 12. Jahrhundert der heiligen Hildegard ermöglichte, das Kloster Rupertsberg bei Bingen auf der Höhe zu errichten, wo heute noch Reste des Mauerwerks zu sehen sind. Hildegard war die Tochter eines Ritters von Böckelheim. Schon zu Lebzeiten wurde sie eine berühmte Frau.

Die Annalen von 1159 berichten:

„In diesen Jahren glänzte Hildegard durch den Geist der Weissagung, mit dem sie erfüllt war, und durch viele Arten von Visionen, die sie hatte.“

(Mittelrhein. Regesten.)

Sehnsuchtsvoll nach dem ewigen Frieden und erschöpft von der Mühsal ihres langen irdischen Wandelns, starb sie einundachtzigjährig am 17. September 1179.

Als der älteste Sohn König Rudolfs I. von Habsburg, Albrecht von Österreich (von 1298–1308 deutscher König), in seinem Zollkrieg die Stadt Bingen und Burg Klopp belagerte, raubte die Burgbesatzung den darbenden Bürgern unter schweren Mißhandlungen die letzten Lebensmittel. In ihrer Verzweiflung sandten sie ihren Bürgermeister zur Burg hinauf, um zu verhandeln. Er wurde von der Besatzung in Stücke gehauen. Einige Tage später stürmte Albrecht die Burg und brannte sie nieder. Es war in der unseligen, tiefschwarzen Nacht vom 25. zum 26. September 1301, als das Heer Albrechts von Österreich den tödlichen Schlag auf Bingen mit solcher Vehemenz führte, daß die überraschte, unglückliche Stadt nach kurzer Gegenwehr unterlag. In einem Inferno von Blut und Grauen wurde das Leben in Bingen vernichtet.

Albrecht hatte die Stadt erobert, aber er hinterließ einen schwelenden Trümmerhaufen im Todesschweigen unzähliger Leichen. Noch in unseren Tagen, wenn eine verabscheuungswürdige Tat ruchbar wird, pflegt man in dieser Gegend zu sagen: „Das ist wüste wie die Nacht von Bingen.“

Zur Sühne mußte der Erzbischof von Mainz Stadt und Burg Klopp als Pfand dem Eroberer überlassen. Erst unter Kaiser Heinrich VII. von Luxemburg (1308–1313) erhielt das Erzbistum sein Eigentum zurück. Im Jahre 1354 wurden Bingen und die Burg verpfändet, dieses Mal an Kuno von Falkenstein. Doch dieser wurde 1362 Erzbischof von Trier. 1371 erfolgte die Einlösung des Pfandes. Burg und Stadt kamen wieder in den Mainzer erzbischöflichen Besitz.

Die Kriegshorden Albrechts von Österreich zerstörten auch das wehrlose, von stillen Gebeten und guten Werken erfüllte Kloster der heiligen Hildegard. Die Zeiten waren grausam und zuchtlos, und das Kloster, von gläubigen Menschen immer wieder aufgebaut, fiel häufig Plünderungen zum Opfer, obgleich sich viele tapfere und fromme Rheingauer fanden, es zu verteidigen und ihm durch Stiftungen aufzuhelfen.

Aus dem Gebetbuch der hl. Hildegard

Kloster Rupertsberg der hl. Hildegard bei Bingen

Kniefall Heinrichs IV. vor Papst Gregor VII., 1077

Als im Jahre 1552 die Heerhaufen des Albrecht Alcibiades von Brandenburg mit geradezu apokalpytischen Schreckenstaten das Rheintal heimsuchten, stürzten auch die letzten Gebäude des Klosters der heiligen Hildegard zusammen, denn der Brandenburger, ein „grundsatzloser Condottiere“, zerstörte um des Zerstörens willen. Im schmalkaldischen Kriege kämpfte er, je nach seinem Vorteil, auf der einen oder anderen Seite, für die evangelischen Fürsten oder im Heere der katholischen Majestät Kaiser Karls V. In den Wirren dieses Krieges tauchte er auch am Rhein auf, um hier sein Vernichtungswerk fortzusetzen.

Im Verlauf des Dreißigjährigen Krieges kämpfte der Marquis von Spinola mit seinen Spaniern zugunsten der katholischen Liga. Auf diesem Zuge überfiel er die Pfalz und überschwemmte die Gebiete vom Nieder- bis zum Oberrhein. Dieser Marquis erfand neue Repressalien, um die verarmte Bevölkerung vollends zugrunde zu richten. Er forderte von den heimgesuchten Landesteilen nicht nur Unterbringung und Verpflegung, sondern auch noch den Sold für seine Krieger, die die Bevölkerung niedermetzelten. Sein Bundesgenosse in diesem unbarmherzigen „Glaubenskrieg“ war der Herzog von Wallenstein, der sich eifrig jene Praxis zu eigen machte und für die durch ihn zum Schlachtfeld gewordenen Gebiete übernahm.

Schreckliche Ereignisse waren dabei auch über Bingen und die Burg Klopp hinweggebraust, Unglück und Vernichtung zurücklassend. Im Dreißigjährigen Krieg war die Burg mehrmals berannt und mit viel Blutvergießen eingenommen worden. Im Jahre 1666 suchte die Pest als neue Geißel die gequälten Menschen heim, und 23 Jahre später wurde Burg Klopp ein Opfer der Zerstörungswut streitender Parteien im pfälzischen Erbfolgekrieg. Und wieder bezahlte die Binger Bevölkerung mit Gut und Leben für die Auseinandersetzungen zwischen Fürstenhäusern.

Notdürftig instand gesetzt, fiel Burg Klopp 1797 den Franzosen zu. Nach den Befreiungskriegen übernahm sie der hessische Staat. Endlich hatte sich das gnadenlose Schicksal an den geschwärzten Mauern der Burg ausgetobt. In den Jahren 1875–79 wurde sie nach alten, historischen Plänen wieder aufgebaut und fortan friedlichen Zwecken übergeben. Das Rathaus von Bingen wurde in ihre Räume verlegt und im Bergfried ein Heimatmuseum eingerichtet. Das Heimatmuseum kann in der Zeit vom 15. April bis 15. Oktober täglich besichtigt werden. In der Burg ist eine Gaststätte und im Burghof steht ein Parkplatz zur Verfügung.

Auf dem Rochusberg wurde 1666 die Rochus-Kapelle erbaut, die – 1795 zerstört – Anfang des vorigen Jahrhunderts als Wallfahrtskirche wiederaufgebaut wurde. Goethe stiftete ein Bild, das ihn selbst als heiligen Rochus darstellt, und verfaßte das Gedicht: „St. Rochusfest in Bingen.“

Boosenburg – Oberburg

Im Jahre 500 nach Christi Geburt siedelten sich die Franken im Rheingau an und gaben dem heutigen Rüdesheim den fränkischen Namen Ruodinesheim, nach einem Franken Ruodin, der mit seiner Sippe hier seßhaft wurde. Aus dem Mittelalter sind in Rüdesheim zwei Burgen erhalten geblieben, von denen die eine die Ober-, später die Boosenburg genannt wurde. Den zweiten Namen erhielt sie erst nach ihrem vorletzten Besitzer. Sie erhob sich am Ende des „Kaufmannsweges", der – bei Lorch abzweigend – um das enge, über Felsenriffe schäumende, gefahrvolle Binger Loch herumführte. Die Oberburg war schon am Ende des 12. Jahrhunderts im Besitz der „Füchse" – in rheinischer Mundart Foys oder Voiss von Rüdesheim –, die sie bis ins letzte Viertel des 15. Jahrhunderts innehatten.

Aus diesem Geschlecht saß schon 1196 auf der Oberburg ein Ritter namens Embricho, der eine zahlreiche Nachkommenschaft hinterließ. Er liebte es, neben seinen engsten Angehörigen, seine Brüder und Schwestern mit deren Familien um sich zu haben, und war stolz auf das rege Leben und Gedeihen auf seiner Burg, denn er war ein echter Patriarch, sehr vermögend, genoß großes Ansehen und führte den Ehrentitel „Herr" = dominus. Er war in seinem Reich ein König, der seiner Umgebung absoluten Gehorsam abforderte, aber auch in allen Schwierigkeiten sicheren Schutz gewährte. Alt geworden, vermachte er 1227 Burghaus und Turm seinem ältesten Sohne und verfügte, daß nach dessen Tode der Erbe ungeschmälert in die alten Rechte und Pflichten eintreten müsse.

Bis zum Jahre 1407 blieb die Oberburg im Familienbesitz der „Füchse", dann war deren Lebenskraft erloschen, der älteste Ast dieses Geschlechts verdorrt. Aus den alten Wurzeln des starken Stammes waren auch

Boosenburg – Oberburg in Rüdesheim

die ersten Brömser entsprossen, die später die Niederburg in Rüdesheim innehatten. Sie waren eine kraftvolle, lebenstüchtige Familie, die zu hohem Ansehen aufsteigen sollte.

Bis ins 17. Jahrhundert tauchen noch gelegentlich Namen aus den Seitenlinien der „Füchse" auf, wie die „Winter von Rüdesheim", die in Geisenheim im Rheingau ihren Stammsitz hatten, aber im 16. Jahrhundert ausstarben.

Von 1474–1830 war die Oberburg, in Boosenburg umbenannt, im Besitz der Boos von Waldeck, dann wurde die Wasserburg 1836 niedergelegt. Erhalten blieb nur der mächtige, klobige Turm der alten Burg. In späterer Zeit wurden Wohnhäuser angebaut, die heute Weinbrennereien gehören. Eigentümerin der Burg ist die Weinfirma Carl Jung. Eine Besichtigung ist nicht möglich.

Brömserburg – Niederburg

Die Brömserburg von Rüdesheim ist die älteste rheinische Burg. Sie erhebt sich – von Efeu überwachsen – am rechten Rheinufer im nördlichen Teil der Stadt. Ihre ungewöhnliche Form weicht ganz ab von der typischen Bauweise des mittelalterlichen Burgenstils. Verläßliche Nachweise über ihre Entstehung fehlen, doch ist sicher, daß zu Zeiten der Römer Rüdesheim der Brückenkopf zum römischen Kastell bei Bingen war und Römer den Platz befestigt haben. Nachdem Alemannen das Kastell zerstört hatten, baute Karl der Große hier um das Jahr 800 eine Feste und besetzte sie mit einem „Hausmeier". Dieser hatte eine wundervolle, für alle Zeiten dankenswerte Idee: Er belebte den von dem Römer Probus 278 eingeführten Weinbau und wurde so zum Begründer des Rüdesheimer Weins, der für Jahrhunderte reiche Ernten bringen und Herzen fröhlich stimmen sollte. Einige hundert Jahre später waren es die Erzbischöfe von Mainz, die diesen vorzüglichen Rüdesheimer Wein liebten und pflegten, und nach einer Urkunde aus dem Jahre 1031 „überließ der Erzbischof Bardo den Einwohnern einen District zum Anbau eines großen Weinbergs".

Im 12. Jahrhundert baute das Erzbistum Mainz die Feste in eine Wasserburg um – wie es die meisten Talburgen waren – und nannte sie „Niederburg". Als Zollburg hatte sie keine Bedeutung mehr, da der Zoll nach Burg Ehrenfels verlegt worden war. Zu Beginn des 13. Jahrhunderts empfingen die Ritter von Rüdesheim sie als Lehen aus der Hand des Erzbischofs von Mainz. Doch sie waren keine getreuen Gefolgsmänner. Gemeinsam mit den Grafen von Sponheim kämpften sie 1279 gegen ihren Lehensherrn, unterlagen und wurden des Landes verwiesen. Am 21. Januar 1282 schlossen die Rüdesheimer Ritter Frieden mit dem Erzbischof. Sie verzichteten auf die Niederburg und übertrugen alle mit ihr verbundenen Rechte auf das Erzbistum. Mit diesem Verzicht erreichten sie, daß sie erbliche Burgmannen auf der Niederburg wurden. Sie waren zwar ihre eigenen Herren, doch durften sie nichts mehr gegen Erzbistum und Erzbischof unternehmen und mußten es dulden, daß ihnen erzbischöfliche Torhüter und Turmwächter in die Burg gesetzt wurden.

Die Erben der Ritter von Rüdesheim wurden die Brömser, die ihren Sitz auf der Presburg im Wispertal hatten. Durch sie erhielt die Niederburg ihren Namen Brömserburg. Sie wurde eine berühmte Ganerbenburg: Viele Familien dieses Geschlechts, das im Jahre 1668 ausstarb, lebten zur gleichen Zeit in der Burg. Ihre Fruchtbarkeit machte eine Erweiterung und wohnlichere Ausgestaltung notwendig. Dies geschah, ohne den Eindruck der wehrhaften, mittelalterlichen Burg zu zerstören, der noch heute ihren besonderen Reiz ausmacht. Nach außen hin schmucklos, drohend, mit imponierend wuchtigen Mauern, enthielt ihr Inneres saalartige Hallen, tonnenförmig überdachte Gewölbe und dämmerlichtige Räume.

Der Wohnflügel – Palas genannt – liegt dreigeschossig an einem Hof, auf dem ein starker Turm von 19 Meter Höhe an den Palas stößt. Seine Mauern sind vier bis fünf Meter dick, so daß der Schacht, der von der Höhe ohne Zwischengeschoß bis zum Grunde des Turmes reicht, ziemlich eng ist. Das unterste Gelaß konnte nur durch dieses „Angstloch“ erreicht werden und vermittels einer Seilwinde, die Mensch und Material in die Tiefe brachte und deren Vorrichtung heute noch vorhanden ist. Für Not- und Kriegszeiten war zwischen dem zweiten und dritten Geschoß des Wohnbaus die Mauer durch eine Türöffnung unterbrochen, von der aus über enge, steile, in die Turmwand geschlagene Stufen ein letzter Fluchtweg für die Burginsassen durch einen unterirdischen Gang zum Rhein hinunterführte. An dieser Stelle ist es interessant zu erwähnen, daß das im Volksmund gebräuchliche Wort „türmen“ in solcher letzten Zufluchtsmöglichkeit seinen Ursprung hat. Über die Seilwinde wurden Lebensmittel bis zur Türöffnung des Palas herabgelassen, während tief unten in der Verlorenheit der finsteren Verliese die Gefangenen verkamen.

Der obere Abschluß des Turmes diente zur Verteidigung. Ein vorkragender Wehrgang ermöglichte es, den Feind außerhalb des Turmes zu bekämpfen.

In den meisten Fällen war der obere Teil eines Turmes durch starke Bohlen in Stockwerke eingeteilt. Diese waren mit Kaminen und Möbeln ausgestattet, und waren den Burgbewohnern Zufluchtsort. Jeder Turm, Bergfried oder Bergfrit, hergeleitet aus der alten Form berc und vrit = bergen, hüten, umfrieden – enthielt ein Verlies. Spärlichen Lichtschimmer erhielt dieser tiefstgelegene Ort aus einem Schacht, der in schräger Richtung durch die Wölbung einer Mauerluke am Fußboden des ersten Geschosses geführt und durch ein schweres

Brömserburg in Rüdesheim

Eisengitter abgeschlossen war. In dem feuchten, kalten, felsigen Kerker befand sich in den seltensten Fällen eine rohe Steinbank. Eine schräge Öffnung in der Wand nahm die Notdurft der Gefangenen auf.

Die Brömser waren hohe Würdenträger und Hoftruchsesse des Erzbistums Mainz. Das Geschlecht soll schon im 10. Jahrhundert Bedeutung erlangt haben. Johannes Brömser war Kreuzritter, und das berühmteste Mitglied dieses uralten Adelsgeschlechts. Eine Überlieferung berichtet:

„Seinem Gelübde folgend, das er getan, als er 1189 im Kampfe Spaniens gegen die Mauren aus der Gefangenschaft wunderbar errettet worden", erweiterte er die Rüdesheimer Basilika zur Pfarrkirche und nannte sie St. Jakobi.

Ein Nachfahr, Johann Brömser, ließ zwischen Rüdesheim und Geisenheim im Rheingau 1390 die Kapelle „Nothgottes" errichten, die vom Weihbischof Hermann von Scopia eingeweiht wurde. Johann Brömsers Wappen ist auch in St. Jakobi zu finden. Ein anderer Ritter, Heinrich Brömser, baute 1435 im Ort Kamp-Bornhofen eine romanische Basilika in ein gotisches Gotteshaus um zum Dank für seine Befreiung aus türkischer Gefangenschaft.

Die Brömser hatten im 16. Jahrhundert ihre größte Zeit. Glückliche Ehen vermehrten den Reichtum ihres Hauses und hohe Amtsstellen steigerten ihr Ansehen. Zweimal stellten die Brömser den Vicedom (auch Vitzthum) im Rheingau. Von 1495–1505 ist es Friedrich, von 1521–1532 Heinrich Brömser. In der Zwischenzeit übernahmen Mitglieder der Familie von Stockheim, die auch im Kapitel vertreten waren, die Verwaltung. Es war ein stolzer, in sich geschlossener Kreis von Rittern, der im Rheingau gebot.

Dem 1543 verstorbenen Heinrich Brömser und seiner Gemahlin Apollonia von Ingelheim (gest. 1519) setzte der Sohn in der Kirche St. Jakobi zu Rüdesheim ein Denkmal von würdevoller Schönheit. – Die Erinnerung an die Person des Heinrich Engelhardt Brömser (gest. 1567) wird wachgehalten durch sein Renaissance Epitaph von eindringlichem Reiz, das in der gleichen Kirche in ziemlicher Höhe an der Nordwand eingemauert ist. Der Ritter ruht in voller Rüstung, der Kopf von einem Schädel gestützt. Vierzehn Ahnenwappen umrahmen die Schrifttafel, unter der er ausgestreckt liegt. Darüber erhebt sich ein Aufbau mit allegorischen Gestalten: Glaube und Hoffnung. Zwischen ihnen ein Relief aus Alabaster mit den Darstellungen der Grablegung Christi und der Auferstehung. Den obersten Abschluß des Grabmals bildet eine Kartusche mit dem Brömser-Wappen, gekrönt von einem Pelikan, dem Symbol der Liebe.

Neben der Kapelle Nothgottes, die sein Vorfahr hatte erbauen lassen, gründete der Vicedom des Rheingaues, Johann Richard Brömser, 1621 ein Kapuzinerkloster, das von seinem Sohn Heinrich vollendet wurde. Dieser letzte Sproß der profiliertesten Familie des Rheingaues war kaiserlicher Hofrat und wurde mit dem Reichsfreiherrntitel ausgezeichnet. Er starb als kurfürstlicher Vicedom zu Mainz im Jahre 1668.

Nach dem Aussterben des Geschlechts vergab der Kurfürst von Mainz 1678 seinem Verwandten, dem Freiherrn Emmerich von Metternich, das freigewordene Lehen. Doch alle Herrlichkeit war mit den Brömsern dahingegangen. Die Burg lag im Verfall, nur der Garten umblühte die bröckelnden Mauern noch in zauberhafter Pracht. Nach Metternich fiel die Burg – nun „der Brömser Hundestall" genannt – an den Herzog von Nassau, der den Grafen von

Grabmal in St. Jakobi zu Rüdesheim

Inschrift

Anno Domini 1543 uf Freitag den 6. dag July ist gestorben der Edel und Ehrenfest Heinrich Brömser von Rüdesheim – den God gnadt.

Anno Domini 1519 uf Sonndag den 6. dag Augusti starb die edel und erendugendhafftige Frau Appolonia von Ingelheim – obgemeltes Heinrich Brömsers eheliche Gemahl – der God gnadt. Amen

Grabmal von Stockheim

Inschrift:

Anno Dni MDXXVIII (1528) Den Dag Juli Ist Verscheiden Der Edel Und Ernfest Friederich Vo Stockheim Der Alter Seines Alters Im 66 Jahr De Got Genade.
Anno Christe MDXXIX (1529) Den X Dag Junii Starb Die Edel Und Dugendsame Fraw Irmel Von Carben Im Jahr XXXXV Jar Ihres Alters Und XXVIII Jar Ires Elichen Sstants Sein Elicher Gemahel Dieser Und Aller Christgläubigen Selen Got Genedig Und Barmhertzig Sie.

Renaissance Epitaph des Heinrich Engelhard Brömser in St. Jakobi zu Rüdesheim

Ingelheim mit ihr belehnte. Dieser, von seinen Vorfahren her mit den Brömsern verwandt, erwarb die Burg als freies Eigentum und setzte sie teilweise wieder in bewohnbaren Zustand.

Heute ist die Brömserburg ein beachtliches Heimatmuseum mit wertvollen Ausstellungsstücken. Im obersten Geschoß des Palas liegt die Kemenate, das Frauengemach, ein langgestreckter, schmaler Raum von rohbehauenem Mauerwerk umschlossen. An einem Ende zweigt er scharf nach rechts ab und endet in einer Wand, die heute durch Glas ersetzt ist, um das spärliche Dämmerlicht des Raumes zu erhellen, denn die kleinen in die Mauernischen geschlagenen Luken gaben dem Tag kaum Einlaß. Hier wird der Besucher angerührt von der Ausstrahlung zweier Porträts. Sie vermitteln einen fernen, leisen lebendigen Hauch Brömserscher Persönlichkeiten aus dem 17. Jahrhundert, dem Zeitpunkt des Erlöschens des Geschlechts. Es sind die Bildnisse des Vicedom Johann Richard Brömser (gest. 1623) und seiner Gemahlin Maria Walpot zu Bassenheim (gest. 1629), offenbar ein Paar von sehr gegensätzlicher Natur. Er, selbstbewußt, ruhig, mit klaren, klugen Zügen; sie, unter rotem Haar ein langgestrecktes, hartes Gesicht, das mit den herrischen Augen und dem verhalte-

Johann Richard Brömser † 1623

nen grausamen Mund das Sprichwort zu widerlegen scheint, daß nur mit großen Herren nicht gut Kirschen essen sei.

Dieser letzte Brömser seines Geschlechts fühlte sich noch so tief in der Reihe seiner Ahnen und ihrer Werke verwurzelt, daß er in seinem Testament bestimmte, daß sein Leichnam bei den Karmelitern in Mainz, sein Herz in der Kirche von Nothgottes und seine Eingeweide in der Kirche zu Rüdesheim beigesetzt werden sollten.

Das Heimatmuseum in der Brömserburg birgt auch eine wertvolle Sammlung von Wein- und Trinkgefäßen. Eine Besichtigung ist außer montags täglich von 9–12 Uhr und 14–17 Uhr möglich.

Maria Walpot in Bassenheim † 1629

Burg Ehrenfels

Burg Ehrenfels wurde im Anfang des 13. Jahrhunderts unter dem Erzbischof Sigfrit II. von Mainz erbaut wegen der unsicheren Zeiten während der kriegerischen Verwicklungen zwischen Staufen und Welfen im Kampf um die deutsche Königskrone. Es erschien dem Erzbischof zweckmäßig, am nördlichen Eingang des Rheingaus einen starken Waffenplatz zu besitzen. Zu dieser Zeit war Otto IV. von Braunschweig, zweiter Sohn des Welfen Heinrich des Löwen, Kaiser (1209–1212). Er war vermählt mit der Tochter Beatrix des im Jahre 1208 im Wahlkampf ermordeten Staufen Philipp von Schwaben. Die Partei der Staufen wendete sich Otto IV. zu. Im Jahre 1209 wurde er vom Papst Innocenz in Rom zum Kaiser gekrönt, doch schon im nächsten Jahr mit dem Bann belegt, weil er die für seine Wahl gemachten Zugeständnisse widerrief. Ottos Anhänger bekämpften in der Folge das Mainzer Stift und trugen Krieg und Verwüstung in den Rheingau. Der Papst stellte als Gegenkönig sein Mündel auf, den Enkel des Kaisers Friedrich Barbarossa. Der gebannte Otto wird 1214 als Bundesgenosse Englands von den Franzosen besiegt. Er zieht sich nach Braunschweig zurück und stirbt dort im Jahre 1218.

Der Schwager des despotischen und willensstarken Erzbischofs Sigfrit von Eppstein (1200–1230) war Philipp von Bolanden, Dienstmann und Vicedom des Rheingaus. Die Bolanden waren ein kriegerisches Geschlecht, aus Alzey stammend, das eines der reichsten und mächtigsten im Rheingau war, und dessen Wurzeln bis in die karolingische Zeit zurückreichten. Die Bolanden verrichteten Reichs- und Lehensdienste dem Mainzer Bistum gegenüber, und auch Philipps Vater Werner war Reichsministeriale gewesen.

Die Ministerialen gehörten dem Ritterstand an, hatten auch eigene Burgen, standen jedoch im Dienst eines weltlichen oder geistlichen Fürsten, und waren zumeist Lehensträger ihrer Herren. Obgleich Werner von Bolanden also kein „Freier“ war, soll

er doch 17 Burgen besessen haben, zahlreiche Dörfer und 1100 Ritter als Dienstmannen.

Das Geschlecht der Bolanden war an der Entstehung der mittelalterlichen Burgen maßgeblich beteiligt. Die markantesten Bauherren am Mittelrhein waren im 13. und 14. Jahrhundert die Grafen von Katzenelnbogen und von Nassau. Sie waren durch Heirat mit den bedeutenden Familien Eppstein, Isenburg, Falkenstein und den mächtigen Grafen von Sponheim fest im heimatlichen Gefüge verankert. Ihre Namen wird man auf allen Burgen des Mittelrheins finden. Als Repräsentanten ihrer Zeit schufen sie ihre Burgen nach den in jedem Jahrhundert typischen Bauformen. Diese waren oft von einmaliger Schönheit. Jedoch bevor sie als Bauherren von Burgen in Erscheinung traten, waren es in erster Linie die Bolanden, die als Ministerialen des Reichs oder der Fürsten im Burgenbau Hervorragendes geleistet haben. Auch die von Philipp von Bolanden erbaute Burg Ehrenfels wurde ein Meisterwerk von höchster Zweckmäßigkeit und für die damalige Zeit einmaliger architektonischer Kühnheit.

Auf halber Höhe, an den steilen Abfall des Niederwaldes sich lehnend, war sie gegen die gefährdete Bergseite hin geschützt durch eine kolossale Schildmauer mit zwei flankierenden Türmen. Zwischen ihr und dem Steilhang war ein tiefer Graben ausgehoben, dessen gewonnenes Erdreich zur Talseite hin zu unzugänglichen Terrassen aufgeschüttet worden war, auf denen eine mächtige Stützmauer breit ausladend zum Rhein hinunterdrohte und Zeugnis ablegte von der meisterhaften Überwindung einer fast unlösbaren technischen Schwierigkeit damaliger Zeit.

Philipp II. von Bolanden hatte im Auftrag des Erzbischofs Sigfrit II. Burg Ehrenfels aufgebaut, doch – wie beurkundet – mit

Heinrich VII., Gestühlswange Trier

seinem eigenen Vermögen und mit seinen eigenen Leuten. Er war 1214 als Vicedom auf Burg Reichenstein eingesetzt worden, lebte aber auf Ehrenfels und starb dort 1218. Vor seinem Tode übertrug er Burg Ehrenfels seiner Witwe Hildegardis von Eppstein als Erbrecht, die sie trotz des erzbischöflichen Drängens nicht herausgeben wollte. Hildegardis war die Schwester ihres Widersachers, des Erzbischofs Sigfrit II. Sie hatte mit ihrem Gemahl zwei Söhne, von denen der jüngere Philipp mit der Wildgräfin Beatrix vermählt war. Er starb aber schon im Jahre 1220. Seine Witwe ging eine neue Ehe ein mit einem Grafen von Heinsburg, von dem sie vier Söhne hatte. Drei von ihnen sollen auch in diesem Buche eine Rolle spielen; es waren: Philipp von Hohenfels, später einer der berüchtigsten Raubritter auf Burg Reichenstein und Engelbert, der sich Falkenburg nannte und Erzbischof von Köln wurde. Der dritte Sohn, ebenfalls mit dem Beinamen Falkenburg, kam als Kämmerer des zum deutschen König gewählten englischen Richard von Cornwallis zu hohen Ehren und gab dem alternden König seine blutjunge Tochter Beatrix zur Frau. Sie galt als „ausnehmende Schönheit" und „Perle der Frauen". Wir werden noch von ihr hören.

Ihre Urgroßmutter Hildegardis von Eppstein kämpfte vergeblich um ihren Witwensitz auf Burg Ehrenfels. Im Mai 1222 beurkundete König Heinrich VII. folgenden

„Schiedsspruch, der von einem unter dem Vorsitz des Erzbischofs von Trier tagenden Gerichte, von Bischöfen, Grafen und Edlen in der Sache des Erzbischofs Sigfrit II. († 1230) von Mainz gegen die Witwe Philipps II. von Bolanden gefällt ward. Die Letztere hatte nämlich die Burg Ehrenfels, welche ihr Mann im Namen des Erzbischofs Sigfrit II. mit seinen Mitteln und mit Hilfe seiner Leute erbaut hatte, nach dem Tode ihres Mannes zurückgehalten, allein das besagte Gericht erklärte, daß der König den Erzbischof wieder in seine Rechte einsetzen müsse, was denn auch durch einen Boten geschah."

(Aus den Regesten
d. Erzbischöfe von Mainz.)

Erzbischof Sigfrit II. von Eppstein, der seine Würde dem Einfluß seines Schwagers Philipp von Bolanden verdankte, wußte überall seine Vorteile zu wahren, selbst durch den Tod seines Schwagers und Freundes.

Im Jahre 1239 wurde auf Burg Ehrenfels ein Zollrecht eingerichtet. Unterhalb der Burg entstand ein Zollhaus, denn die Burg war wegen einer Krümmung des Rheins flußabwärts in der Sicht behindert. In diesem Zollhaus saß ein Geistlicher, der mit beachtlicher und phantasiebegabter Willkür die Gebühren einzog. Der vom Erzbischof Willigis im Jahre 1000 mitten im Rhein errichtete Turm konnte nicht als Zollabfertigung gedient haben, trotz seines Namens „Mautturm", der dann in der Sage vom „bösen Bischof Hatto" in „Mäuseturm" umgewandelt wurde. Darüber wird im nächsten Kapitel berichtet werden. Die gefährlichen Quarzitbänke, die Stromschnellen und Wirbel verengten die freie Fahrrinne bis auf einige Meter und machten eine Landung am Mautturm unmöglich.

Im Jahre 1301 hatte Albrecht von Österreich Burg Ehrenfels als erster bezwungen, doch nicht zerstört. Albrecht war der ältere Sohn Rudolphs I. von Habsburg und seit 1298 König. Sein ganzes Streben galt einer starken Hausmacht. Im Jahre 1301 unterwarf er sich die rheinischen Kurfürsten und wurde sieben Jahre später von seinem Neffen Johannes Parricida, dem er sein Erbe vorenthalten hatte, ermordet.

Burg Ehrenfels bei Rüdesheim

Auch Burg Ehrenfels mußte 1301 dem Sieger als Pfand übergeben werden. Erst unter Kaiser Heinrich VII. von Luxemburg (1308–1313) kam sie an das Erzbistum Mainz zurück. Befreit und ungefährdet von feindlichen Einflüssen baute das Erzstift die Burg Ehrenfels schöner und geräumiger aus. Sie wurde mit der ihr gegenüberliegenden Burg Klopp ein starkes Bollwerk gegen mögliche feindliche Einfälle. Ihre Sicherheit, ihre solide Bauweise, Geräumigkeit und schwierige Zugänglichkeit, dazu die herrliche Aussicht auf den Rhein mit seinen bewaldeten Höhen ringsum machten sie zum Lieblingsaufenthalt der Mainzer Erzbischöfe. In dieser standfesten, gediegenen Burg wurden in Kriegszeiten Güter und Kostbarkeiten des Erzstiftes sichergestellt.

Im Jahre 1353 wurden Burg, Zoll und die im Umkreis liegenden Ortschaften an Kuno von Falkenstein für eine Forderung von 40 000 Gulden verpfändet, die das Erzstift ihm in seiner Eigenschaft als dessen Verweser innerhalb von acht Jahren schuldig geblieben war. Schon als Stiftsverweser weilte er häufig auf Ehrenfels. Im Jahre 1350 war sie ihm Zufluchtsstätte gewesen, als er, von meuternden Binger Bürgern überfallen, sich mit knapper Not aus dem Fenster retten konnte. Von Burg Ehrenfels aus entsetzte er die von Aufständischen belagerte Burg Klopp, schlug die Revolte nieder und war wieder Herr der Situation. Kuno von Falkenstein war eine der imponierenden Kraftnaturen jener kämpferischen Zeiten:

„ein herrlich stark Mann und wol gepersoniert und groß von allem Gebein".

Eine schon zu Lebzeiten legendäre Gestalt! Seit 1348 Domprobst und Bistumsverweser, spielte er eine bedeutende Rolle in der Geschichte des Erzbistums. Mit seinem streitbaren Geist stand er unerschrocken zu seiner Sache und an der Spitze der großen nationalen Bewegung gegen den Alleinbestimmungsanspruch des Papstes und seine Übergriffe bei den deutschen Königswahlen. Dieser Kampf fand seinen Abschluß mit der „Goldenen Bulle" Kaiser Karls IV., durch die die Königswahl den sieben Kurfürsten übertragen wurde.

Nachdem Kuno von Falkenstein Burg Ehrenfels erworben hatte, ließ er sie, seinem Luxusbedürfnis entsprechend, prächtig ausstatten. Im 14. Jahrhundert wurden die Burgen Ausdruck des Lebensstils ihrer Herren. Eine Atmosphäre gepflegter Geisteshaltung erfüllte das höfische Leben. Wissenschaft, Musik, Dichtung und Kunst blühten. Die prachtvoll gestalteten Räume beherbergten Bibliotheken und Kunstsammlungen, je nach Stil und Neigung des Burgherrn.

Kuno von Falkenstein erhielt vom Bistum Mainz die am gegenüberliegenden Ufer des Rheins gelegene Burg Vautsberg – im 19. Jahrhundert in „Rheinstein" umbenannt. Auch Burg Ehrenfels und der Zoll wurden ihm verschrieben und die Burg allein seiner Verfügung unterstellt. Zudem sollte ihm der ganze Rheingau zur Hilfeleistung verpflichtet sein. Doch bald merkte der Erzbischof von Mainz, Gerlach von Nassau (1322–1371), daß er einen zu wichtigen Herrschaftsbereich aus der Hand gegeben hatte. Das mußte ihn um so mehr beunruhigen, als er selbst immer auf Gebietserweiterung für das Erzstift erpicht war, das unter seiner Herrschaft den größten Landgewinn erzielte. Er war es auch, der nach souveräner Macht des Kurstaates strebte und in der Reichspolitik die Vorrechte der Kurfürsten gegen das Reich zu festigen suchte. Der vitale Kuno machte ihm zu viel zu schaffen und bewegte sich zu selbstherrlich. Mit List verschaffte sich also des Erzbischofs Bevollmächtigter Zutritt zur Burg Ehrenfels und besetzte sie am

Ermordung Albrechts von Österreich im Jahre 1308

7. Oktober 1356. Erst im nächsten Jahr wurde der Zwist zwischen den beiden willensstarken Persönlichkeiten durch den König beigelegt und Kuno von Falkensteins Ansprüche und Einnahmen aus Ehrenfels, dem Zoll und dem Rheingau auf die Burg Lahneck verlegt, weit genug entfernt, um den Ärger des Erzbischofs zu lindern. Bald winkte dem dynamischen Falkenstein zudem ein größerer Wirkungskreis, als er zum Erzbischof von Trier ernannt wurde. So blieb der Seelenfrieden im Erzstift Mainz erhalten.

Nach dem 1371 erfolgten Tode des Erzbischofs Gerlach regierte Johann I. Graf von Luxemburg-Ligny das Mainzer Erzbistum. Ein einziges Mal besuchte er die Burg Ehrenfels, dann starb er 1373, vermutlich an Gift. Unter seinem Nachfolger, dem Markgrafen Ludwig von Meissen, den Papst Gregor XI. (1370–78) zum Erzbischof von Mainz bestimmt hatte, gab es Auseinandersetzungen mit dem Grafen Adolf I. von Nassau, den das Domkapitel bereits zum Administrator des Stifts ernannt hatte. Folge dieser Streitigkeiten war ein acht Jahre langer Bruderkrieg, der Leben, Blut und Gut forderte. Ludwig von Meissen beschuldigte – zu Recht – seinen Gegner Adolf von Nassau, die Domherren mit 12 000 Gulden bestochen zu haben, um seine Wahl durchzusetzen.

Urban VI., Nachfolger Papst Gregors XI., versuchte, dem häßlichen Streit der Rivalen ein Ende zu bereiten, indem er dem Markgrafen ein anderes hohes Amt anbot, das dieser aber ausschlug. Adolf von Nassau schloß sich dem Gegenpapst Clemens VI. an, der ihn 1379 zum Erzbischof bestimmte.

Im Jahre 1377 hatte Adolf von Nassau Burg und Zoll Ehrenfels dem Mainzer Domkapitel für 20 000 Gulden verpfändet. Vierundvierzig Jahre nach seinem Tode übernahm das Domkapitel „in Bezug auf Ehrenfels die uneingeschränkte Macht" und vereinnahmte für weitere Zeiten den gesamten Zoll.

Zu Beginn des 14. Jahrhunderts gab es am Rhein über 40 Zollstellen, deren Zahl im nächsten Jahrhundert auf 62 anwuchs. Die Zollordnungen verursachten immer wieder neue Schwierigkeiten, wobei Währungsunterschiede und rücksichtslose Machtausübung die Hauptrolle spielten. Schon zu Beginn des 13. Jahrhunderts war der Schiffsverkehr auf dem Rhein erschwert und verunsichert durch die Willkürakte der Herren auf den anliegenden Burgen, von denen einige wahre Raubritternester waren und sogar das Leben der Handelsfahrer bedrohten. Dazu kamen die verschiedenartigen Zollbestimmungen, die Anlaß waren zu Schikanen, Fehden und Zollkriegen. Um den hohen Zollgebühren zu entgehen, zogen viele Schiffe die Nachfahrt über den Rhein mit seinen gefährlichen Riffen, Strudeln und Untiefen vor. Es wird von einer Sperrkette berichtet, die Ehrenfels im Jahre 1588 nächtens über den Strom gezogen haben soll, um den Schwarzfahrern das Handwerk zu legen.

Von den Ereignissen des 15. und 16. Jahrhunderts erwähnen die Chronisten, daß Burg Ehrenfels zeitweiliger Aufenthaltsort der Erzbischöfe von Mainz war, bei deren Streitigkeiten die Burg als deren Quartier, Hauptstützpunkt und Arsenal diente. An anderer Stelle wird noch darüber berichtet werden.

Erst in den Greueln des 30jährigen Krieges erleidet die Burg selbst ein wechselvolles Schicksal. Von 1631–35 war sie und der ganze Rheingau im Besitz der Schweden. Als diese 1635 vor den Kaiserlichen kapitulierten, fiel auch Ehrenfels in die Hände des neuen Siegers. Aber schon im nächsten Jahr erschienen die Schweden wieder, und

Erzbischof Kuno von Falkenstein

die Burgbesatzung, bestehend aus „sechs Offizieren, acht Unteroffizieren und hundert Gemeinen“, mußte sich wegen Lebensmittelmangels ergeben. Bis zum Jahre 1650 wechselte die Burg mehrere Male ihren Herrn, um dann im Besitz der Kaiserlichen und der mit ihnen verbündeten Spanier zu bleiben. Im Verlauf all dieser kriegerischen Ereignisse wurde Burg Ehrenfels schwer heimgesucht, doch nicht zerstört. Vernichtet wurde nur das Zollhaus mit seiner Befestigung am Rheinufer.

Erst im pfälzischen Erbfolgekrieg (1688–97) besorgten die Franzosen, was ihre Vorgänger versäumt hatten: sie zerstörten Burg Ehrenfels.

In diesem Krieg hatte König Ludwig XIV. von Frankreich Forderungen auf die Pfalz erhoben, als er nach dem Tode des letzten pfälzischen Kurfürsten Karl (gest. 1685) das private Erbe (Allodialbesitz) der mit seinem Bruder Philipp vermählten Prinzessin Charlotte für sich selbst in Anspruch nahm, denn sie war die Schwester des verstorbenen Kurfürsten Karl. Es kam zum Kriege, der dem König von Frankreich die Gegnerschaft zahlreicher europäischer Fürsten eintrug. Der Raubkrieg begann mit der Zerstörung der Pfalz und brauste vernichtend über das Rheintal hinweg.

Heute ragen die die Schildmauer flankierenden Türme der Ruine Ehrenfels nicht mehr über ein grünes Laubdach mächtiger Eichen. Inmitten freundlicher Weinberge, umgürtet von wild wucherndem Gesträuch, lehnt sie einsam am Hang und erweckt in dem heiteren Landschaftsbild den Eindruck gelassener Ruhe und stolzer Abgeschlossenheit vom tätigen Treiben zu ihren Füßen, wo auf dem Rhein eifrig die Schiffe stromauf, stromab ihre Frachten tragen und die Sonne in seinen Wogen glitzert. Eine Besichtigung ist nicht möglich.

Mäuseturm bei Burg Ehrenfels

Eine schaurige Sage knüpft sich an den Turm, den Zollturm von Burg Ehrenfels. In weit zurückliegender Zeit war Hatto Erzbischof von Mainz. Er hatte ein Herz aus Stein und seine Gottheit war das Gold. Prasserisch lebte er in seinem aufgehäuften Reichtum, während das Volk darbte und im Elend verkam. Durch Mißernten dem Hungertode nah, nahten sich schattenhafte, ausgemergelte Gestalten dem bischöflichen Palast und flehten, die Kornspeicher dem Volke zu öffnen. Doch Hatto lachte ihrer Not und ließ die Bittsteller ein leeres Gebäude betreten und auf das Brot warten, das er ihnen zu reichen versprochen hatte. Statt dessen ließ er den Bau an allen vier Ecken anzünden und weidete sich an den Todesschreien der Eingeschlossenen: „Hört doch, wie die Kornmäuse pfeifen!“ Doch sein Hohngelächter verstummte jäh, denn durch die Hallen seines Palastes ertönten plötzlich gellende Pfiffe. Aus allen Ecken und Winkeln huschten pfeifende, viepende und raschelnde Mäuse hervor, überschwemmten in unübersehbaren Mengen den erzbischöflichen Palast, kletterten an den Wänden hinauf und fluteten an den Mauern empor wie wogende Brecher in unablässiger Folge. In irrem Entsetzen glaubte Hatto sich von den Geistern der Ermordeten verfolgt, die er als „Kornmäuse“ verhöhnt hatte und deren schrilles Pfeifen ihn um den Verstand zu bringen drohte. Der Zollturm schien seine einzige Rettung. Er stand mitten im Rhein und an seinen sicheren und festen Mauern brachen sich die Wogen. Kaum glaubte Hatto sich dort in Sicherheit, als unübersehbare Scharen flinker, huschender Mäuse das Ufer erreicht hatten, den Strom durchschwammen, am Turm emporkrabbelten und Einlaß begehrten. Nach drei Tagen wagten beherzte Schiffer sich an diesen verhexten

Mäuseturm und Ehrenfels bei Rüdesheim

Ort und fanden im Innern des Turmes nur noch des gottlosen Hattos entfleischtes Gebein.

Daß ausgerechnet der Erzbischof Hatto (891–913) in Verbindung mit der Sage des Mäuseturms gebracht wird, beweist einmal mehr, in welch vernichtendem Maße menschliche Bosheit und Niedertracht es vermögen – Wühlmäusen gleich –, das Ansehen eines Menschen zu untergraben. Hatto, der 87 Jahre vor Errichtung des Binger Mäuseturms gestorben war, schaffte sich in seiner nächsten Umgebung Feinde durch sein energisches Vorgehen gegen Unsitte und Verschwendungssucht der geistlichen Herren seiner Zeit. Vielleicht wurde hier die böse Saat ausgestreut, die aufging und über Jahrhunderte hinweg in der Sage des Mäuseturms weiterwucherte. Der historische Erzbischof Hatto war das vollendete Abbild eines mittelalterlichen Kirchenfürsten. Vermutlich stammte er aus einem schwäbischen Grafengeschlecht. Er muß Mitte des neunten Jahrhunderts geboren sein. Im Jahre 890 nahm er teil an der Unterdrückung eines Alemannenaufstandes gegen König Arnulf. Dieser schenkte ihm nach dem Siege zum Dank die Güter eines schwäbischen Grafen. Auf Bitten Hattos gab er sie jenem wieder zurück. Wegen Hattos ungewöhnlichen geistigen Anlagen und seiner treuen Ergebenheit dem König gegenüber, erhielt er im Jahre 891 den erledigten Bischofsstuhl in Mainz. Hattos staatsmännische Dienste waren nicht hoch genug einzuschätzen. Auch blieb er König Arnulf immer in Treue eng verbunden, so daß er „das Herz des Königs“ genannt wurde. Er begleitete den König auf einer Italienreise, und man gewann den Eindruck von ihm, daß er „ein

Mäuseturm 1820

Mann von ungewöhnlichem Geiste sei, unbeugsamer Energie, ein vertrauter Freund des Königs, wie geschaffen, die Idee der Reichseinheit zu verfechten und bis zum letzten Atemzug dafür zu kämpfen“. So ist es in den „Regesten der Mainzer Erzbischöfe“ zu lesen.

Auch der Nachfolger König Arnulfs, dem jungen, am 4. Februar 890 zum König gewählten Ludwig, stand Hatto treu zur Seite, und Ludwig bestätigt in zahlreichen Dokumenten seine hohe Achtung vor dem Erzbischof. Noch bei dem dritten König, Konrad, der ihm die Krone verdankte, blieb Hatto der einflußreichste Staatsmann.

Als Kirchenfürst war er ein ergebener Diener der Kirche. „Trotz seiner hohen Stellung verweltlichte er seinen geistigen Beruf nicht und wahrte dessen Interessen gleichermaßen wie die des Staates.“

In unseren Tagen ist der Name des Erzbischofs Hatto nur noch bekannt in Verbindung mit dem Mäuseturm in Bingen. Man weiß nicht, wann die Sage darüber entstanden ist. Doch im 14. und 15. Jahrhundert wird sie schon erwähnt. Vielleicht gibt es für die Bezeichnung „Mäuseturm“ eine bessere Erklärung, als die schaurige Sage uns vermittelt. Im mittelhochdeutschen gibt es ein Wort „musen“, das suchen, spähen bedeutet, und so wäre es möglich, daß dieser Späh- und Signalturm als „Mûsturm“ bezeichnet wurde. Leramus, der Verfasser der Binger Chronik, erwähnt 1613, daß ältere Geschichtsschreiber klarere Einblicke in die Verhältnisse des Mittelalters gehabt hätten und darum den Mäuseturm als Warte-Mûsturm bezeichnet hätten. Auch die Erklärung, daß Mäuseturm eine Ableitung von Mauth-Zollturm sein könnte, ist kaum zutreffend. Denn in der reißenden und gefährlichen Strömung des Binger Lochs konnten keine Schiffe am Turm landen und ihren Zoll entrichten. Er konnte nichts anderes als ein Signalturm gewesen sein. Er konnte durch bewaffnete Drohung die Schiffe gezwungen haben, am gegenüberliegenden Zollhaus zu landen. Wie gesagt, bestand keine Veranlassung, den Erzbischof Hatto durch die Mäuse am Leben zu strafen. Trotzdem bleibt die Sage bei alt und jung beliebt und ist in aller Ausführlichkeit im Jahre 1618 in einem Buch bei Lilienthal, Frankfurt am Main, abgehandelt worden, das unter dem vielversprechenden Titel erschien:

„Meussthurm von wunderbarer Natur des Meussungeziefers, samt historischer Erzählung, wie weyland drey geistliche Herren und neben anderen drey weltliche Potentaten von Meuss gefressen wurden.“

Der Mäuseturm war bis 1974 Signalturm; eine Besichtigung ist nicht möglich.

Burg Rheinstein – Vogtsberg

Die meisten der Rheinburgen, die so reizvoll auf den schroffen Felskuppen thronen, verdanken ihre Entstehung der Zeitspanne zwischen dem 11. und dem 14. Jahrhundert, einer Ära, die reich war an ungezügelter Kraft, blutigen Begebenheiten und gewalttätiger Händelsucht. In den Wechselfällen der Geschehnisse, denen besonders das Rheintal unterworfen war, durch Kriegsnöte und Gebietszersplitterungen, ist so manche wertvolle Chronik untergegangen. Daher ist es verständlich, daß die Zusammenhänge fehlen, wenn ein Stück Geschichte aus dem verwirrenden Nebel der Vergangenheit emportaucht. Der Reiz des Geheimnisvollen, der heute noch so spürbar in den verwitterten Mauern nistet, regt die Phantasie an und erweckt den Wunsch, die große Vergangenheit der von Schweigen erfüllten Berge zu erfahren.

Die erste Burg unterhalb Bingens auf der linken Rheinseite, gegenüber Assmannshausen, ist Burg Rheinstein. Ihr Ursprung reicht bis ins vage Grau des frühen Mittelalters zurück. In das Bild der Geschichte tritt sie in jener Zeit der Willkür, Habgier und Fehdesucht, in der das Recht des Stärkeren galt und Leben und Existenz des Schwächeren bedrohte. Walther von der Vogelweide, der berühmte Minnesänger der Ritterzeit, klagt über solche Zeiten:

„Die Untreu' liegt im Hinterhalt
und auf der Straße führt Gewalt.
Der Friede und das Recht sind wund . . ."
(Aus: „Ich saz ûf eim steine")

Es steht fest, daß die Burg den Namen „Rheinstein" erst zu Beginn des 19. Jahrhunderts erhalten hat. Von dem Zeitpunkt an, als sie aus der Dämmerung der Anonymität ins helle Licht der Geschichte trat, bis zu dem romantischen Jahrhundert, dem sie

Burg Rheinstein gegenüber Assmannshausen

den Namen „Rheinstein“ verdankte, hat sie achtmal ihren Namen gewechselt.

Wahrscheinlich infolge der Ungenauigkeit der Rechtschreibung hieß sie Vogtsberg, Vautsberg, Fautz, Fautsberg, Faitsberg, Fodesberg und Voitsberg. Zu Beginn des 13. Jahrhunderts werden erstmalig die Namen ihrer Burgmannen in einer Urkunde des Erzstifts Mainz genannt.

Schon in der ersten Hälfte des 12. Jahrhunderts hatten die Erzbischöfe von Mainz Untervögte, die sogenannten „Rheinboden“ eingesetzt. Von 1115 an saßen Mitglieder einer Familie als Rheinboden – ein Amt, das anscheinend erblich war, und dessen Bezeichnung von ihr als Geschlechtername abgeleitet war – schon auf der Burg Klopp über Bingen. Darum kann angenommen werden, daß die Erzbischöfe, nachdem „Rheinstein“ erbaut war, die Rheinboden als Untervögte auf die Burg setzten und diese „Vogtsberg“ nannten. Bei den späteren Ausbauten der Burg Vogtsberg führte der Vicedominus als Stellvertreter des Kurfürsten und Erzbischofs von Mainz die Aufsicht über den Bau. Er hatte auch die Befugnis zur Ausübung weltlicher Gewalt, während die Untervögte nur für den Schutz des Burgengebietes zu sorgen hatten.

Der Rheingau war von alters her Reichsbesitz gewesen. Nachdem er aber durch die Ottonischen Schenkungen (durch Kaiser Otto III., 983–1002) an das Erzbistum Mainz übergegangen war, mußte die Burg ausgebaut und verstärkt werden als Grenzschutz gegen die Pfälzer, die auf ihren angrenzenden Ländereien starke Burgen besaßen, aber auch gegen die nahen, rheinabwärts gelegenen Burgen Reichenstein und Sooneck, die Eigentum der reichen Abtei Kornelimünster waren. Diese beiden Burgen stellten eine besondere Gefahr dar, denn auf ihnen hauste ein ausschweifendes, beutegieriges und streitsüchtiges Rittervolk, das selbst seinem eigenen Lehensherrn gegenüber unbotmäßig war. Nachdem im Jahre 1213 das Geschlecht der Rheinboden ausgestorben war, saßen nur noch ritterliche Burgmannen auf Vogtsberg, die oft auf großem Fuße lebten, und sich zeitweilig großartig Ritter von Fodesberg nannten.

Vogtsberg hatte, wie andere Burgen am Rhein, eine eigene Zollstätte, und je üppiger die Herren auf der Burg lebten, desto höher stiegen die Zollgebühren. Doch trieben sie es nie so weit wie ihre Nachbarn auf Reichenstein und Sooneck, deren Burgmannen sich zu wahren Raubrittern entwickelten. Handelsleute, Reisende und Pilger waren gleicherweise ihren Gewalttätigkeiten und ihrer Willkür ausgesetzt. Als im Jahre 1282 König Rudolf I. von Habsburg mit einer starken Heeresmacht nach Mainz eilte, um im Verein mit dem Städtebund dem Unwesen ein Ende zu bereiten, nahm er Aufenthalt auf Vogtsberg, der ihm treu ergebenen Burg. Dort hielt er Gericht und sprach seine denkwürdigen Worte über das Rittertum, dessen erhabene Berufung und edle Aufgaben zu Nutz’ und Frommen des ganzen Landes und seiner Bevölkerung. Er ehrte die getreue Burg durch den Namen „Königstein“, der aber später wieder in Vergessenheit geriet.

Fast fünfzig Jahre blieb Vogtsberg Mainzer Besitz, bis Erzbischof Matthias Graf von Bucheck, gest. 1328, (in seiner Grabschrift im Dom zu Mainz heißt es: „Hochherzig, gerecht, von der Tugend Sonne entbrannt . . .“), die Burg dem Domprobst und Provisor des Erzstifts, Kuno von Falkenstein zu Lehen gab, der für Erhaltung und wohnliche Ausgestaltung der Burg sorgte. In der Geschichte der Erzbischöfe von Mainz spielte Kuno von Falkenstein, später selber Erzbischof von Trier geworden, eine bedeutende Rolle, wie wir schon gelesen

König Rudolf von Habsburg

haben. Er hatte eine große Vorliebe für Vogtsberg und „er hielt sich die Burg mit ihren Gütern lebenslänglich zur freien Nutzung aus".

Bis in die Mitte des 17. Jahrhunderts war eine Art der Bestrafung das „Hängen in der Strafkrone". Diese war ein aus grobem Eisen gefertigter Korb, der mit der Öffnung nach unten, an einer Eisenstange waagerecht hoch oben aus der Mauer des Turmes ragend, noch heute an einigen mittelrheinischen Burgen (siehe Rheinstein) zu sehen ist. Die Strafkrone wurde über den Kopf des Verurteilten gestülpt, während herabhängende Ketten seine Schultern und Handgelenke umschlossen.

Nach Kuno von Falkensteins im Jahre 1388 erfolgten Tode fiel der ganze Besitz an Mainz zurück. Auch die nachfolgenden Kurfürsten liebten den Aufenthalt auf Vogtsberg und Johann von Selheim, der Geheimrat des Erzbischofs Johann II., bekam sie 1409 von diesem als Lehen zugesprochen. Mit seinem Tode im Jahre 1434 fiel das Lehen wieder zurück. Die Burg wechselte dann noch öfters ihre Lehensträger, bis sie schließlich im 16. Jahrhundert als Lehen an eine Familie von Wiltberg fiel, die schon eine eigene Burg am Hang des Soon besaß. Dieses Geschlecht war aber nicht reich genug, um den langsamen Verfall Vogtsberg aufzuhalten, zumal die veränderten Verhältnisse den Burgen allmählich ihre Bedeutung nahmen, und das Erzstift Mainz sich nicht mehr um den Weiterbestand seiner Burgen kümmerte. So geriet auch Vogtsberg unaufhaltsam in Verfall. Die Burg wechselte zwar noch einige Male den Besitzer, aber schon beim Einfall der Schweden 1632 war sie eine Ruine.

Jahrhundertelang hatte Vogtsberg den Stürmen wechselhafter Zeiten getrotzt. Entscheidend für den Verfall war schließlich der technische Fortschritt, insbesondere die Erfindung neuer Angriffswaffen. Wie der alte Mann, den die Vielzahl seiner schicksalsschweren Jahre immer tiefer beugt, so sank Burg Vogtsberg langsam in sich zusammen, eine von Wind und Wetter zerklüftete Ruine, unbeachtet und vergessen.

Doch wie im deutschen Märchen erscheint eines Tages ein Königsenkel, um die Burg aus ihrem jahrhundertelangen Schlaf zu erwecken. Prinz Friedrich von Preußen erwarb im Jahre 1825 das alte Gemäuer. Mit Kunstsinn und historischem Verständnis erstand unter ihm und seinen Nachkommen die Burg unter dem Namen „Rheinstein" in romantischer Schönheit wieder und diente viele Jahrzehnte einem kultivierten Familienleben. Heute ist es ein Genuß, in der Burg die antiken Möbel, reichhaltigen Sammlungen und die mit Liebe zusammengetragenen Kunstschätze zu betrachten. Dies ist trotz der Ausplünderung der Burg von unredlichen „Käufern" im Jahre 1975 heute wieder der Fall.
Die Burg Rheinstein beherbergt neben dem Museum eine Gaststätte und kann besichtigt werden.

Burg Reichenstein – Falkenburg

Schemenhaft aus der Dämmerung des frühen elften Jahrhunderts tritt Burg Reichenstein in unser Blickfeld. Ihr erster Name „Castrum Richinstein“ ist nicht auf das altdeutsche „rich“ – mächtig-kraftvoll – zurückzuführen, sondern auf ihren Erbauer Richwin. Erst im 13. Jahrhundert weisen ihr die Urkunden des Klosters Kornelimünster im Jahre 1213 einen festen Platz unter den mittelalterlichen Burgen ein. Ein Hinweis auf das Alter der Burg gibt uns der Stamm des an der Außenmauer wachsenden Efeus, dessen Alter nach seinem Umfang auf tausend Jahre geschätzt wird.

Auf dem Felsmassiv eines Berghangs über Trechtingshausen, und benachbart der Burg Sooneck, steht Burg Reichenstein, in der romantischen Zeit des 19. Jahrhunderts auch „Falkenburg“ genannt. Zu ihren Füßen, gegenüber der Uferstraße, liegt auf einer Landzunge die Klemenskirche. Dieses uralte Gotteshaus – eine romanische Pfeilerbasilika aus dem 11. Jahrhundert – muß hier mit erwähnt werden, weil es zu den Burgen Reichenstein und Sooneck in einer düsteren und makabren Beziehung steht. Das Land, auf dem sich die Klemenskirche erhebt, war Besitz der Abtei Kornelimünster. Diese besaß auch zugleich Hoheitsrechte über die beiden Burgen, die auf das Gotteshaus herabblickten. Die Burgen dienten der Verteidigung gegen Grenzübergriffe und zum Schutze des Zolls und seiner Erhebung – wie das auch bei anderen Burgen der Fall war. Die ritterlichen Familien, die Burg Reichenstein innehatten, gehörten dem Stamme derer von Waldeck an. Schirmvogt war vor ihnen von 1151 an ein Rheinbodo von Bingen gewesen. Urkundlich belegt lag die Verwaltung von Reichenstein bis zum Jahre 1213 in den Händen des Gerhard von Rheinbod, dem letzten Nachfahren.

Burg Reichenstein über Trechtingshausen

Dieser, ein zügelloser und habgieriger Mann und ungetreuer Verwalter, war nur auf eigenen Vorteil bedacht. Er wurde einer der berüchtigsten Raubritter seiner Zeit. Mit seinen Mannen mordete er die Wanderer und beraubte friedliche Kaufleute, die mit ihren Planwagen und beladenen Saumpferden (Packpferd) ihres Weges zogen. Da die quirlende Felsenenge des Binger Loches in jenen Zeiten kaum einem leicht beladenen Schiff die Fahrt durch die Stromschnellen ermöglichte, mußten die Schiffe vom Ufer aus durch Zugpferde getreidelt werden, eine langwierige und mühselige Arbeit.

Die Treidelknechte waren ein rauhes, derbes und lärmendes Volk. Mit Peitschenknallen und lautem Rufen trieben sie die Pferde zu Höchstleistungen an. Die schlechte Beschaffenheit der Treidelpfade erforderten ein hohes Maß an Kraft und Aufmerksamkeit, denn Gefahren drohten nicht nur allein zu Lande, sondern auch auf dem Wasser, wo Untiefen und Riffe die Schiffe gefährdeten. Die Männer trugen stets ein scharfes Messer in der Hand bereit, um bei plötzlicher Gefahr die Zugleinen zum Schiff kappen zu können. Es wird erwähnt, daß während des Hochwassers im Jahre 1848 drei Pferdegespanne in den Rhein gerissen wurden. Die Pferde ertranken und das Schiff, von den haltenden Tauen befreit, wurde zurückgetrieben und drohte zu kentern. Mit Halteeisen, die in Felsen und Ufermauern eingeschlagen waren, hoffte man, die hilflosen Schiffe aufzuhalten. Das gefahrvolle und hindernisreiche Unternehmen des Treidelns erforderte einen großen Aufwand an Zeit. Eine Fahrt von Köln nach Mainz dauerte häufig zwei Wochen. Noch im ersten Jahrzehnt unseres Jahrhunderts wurden schwere Schleppzüge noch mit Pferdekraft getreidelt.

Die Gelegenheit bei einer solchen mühsamen Fortbewegung der Handelsschiffe nutzte besonders gern der Reichensteiner Vogt Gerhard von Rheinbod. Mit der Drohung, die Zugseile zu durchtrennen, nötigte er die Schiffer, am Ufer anzulegen. Die Gefahr, mit Mann und Maus in den Strudeln des Rheins zu ertrinken und an den scharfen Klippen zu zerschellen, bot sich in ihren Augen als eine sichere Todesart dar, während sie nach der anderen Richtung, von den beutelüsternen Herren empfangen, wenigstens noch einen Hoffnungsschimmer hegten, mit dem Leben glimpflich davonzukommen. Völlig ausgeplündert, oft wegen des Lösegeldes ihrer Freiheit beraubt und – wenn die Herren ein besonders fröhliches Lebensgefühl kitzelte – auch noch mißhandelt, sahen sich die hilflosen Opfer in jedem Falle geprellt. Der Konvent von Kornelimünster fühlte sich zu energischem Vorgehen gedrängt und beschloß, den unbotmäßigen Vogt zu vertreiben. Doch Gerhard von Rheinbod gab nicht freiwillig seine sprudelnde Einnahmequelle auf. Aber als er die kriegerischen Vorbereitungen sah, die ihm und seiner Burg den Garaus machen sollten, übergab er sie und wurde aus ihr vertrieben. Der am 2. April 1214 als sein Nachfolger auf Burg Reichenstein eingesetzte Vicedominus Philipp von Bolanden, der auf Burg Ehrenfels saß, schwur im gleichen Jahr seinem Lehensherrn, der Abtei Kornelimünster den Eid der Treue und des Gehorsams: „niemand von Reichenstein aus zu beschädigen“. So waren einstweilen Ruhe und Frieden im Lande eingekehrt, und Pilger, Handelsleute und Geistliche konnten unbehelligt ihrer Wege ziehen.

Philipp von Bolanden starb 1220. Er überließ das Amt des Burgvogts seinem Sohne Philipp, der sich von nun an „von Reichenstein“ nannte, aber weiter in seinem Wappen das siebenspeichige Rad führte. Ihm folgte Werner von Reichenstein, der kinderlos im Jahre 1241 starb. Sein Nachfolger wurde Philipp von Hohenfels, Sohn des

Sigfrid III. v. Eppstein, Erzbischof von Mainz, † 1249

Grafen von Heinsberg und der Witwe des 1220 verstorbenen Philipp von Bolanden, der Wild-Gräfin Beatrix. Den Burgmannen dieses Philipp von Hohenfels wuchsen allmählich wieder die Raubvogelschwingen, denn der von Hohenfels war ein skrupelloser, die Gesetze mißachtender Geselle. Er mißhandelte seine Untertanen, raubte deren Frauen und legte die Geistlichen in Ketten. Das Rheintal hallte vom Geklirr der Waffen und den Todesschreien der Überfallenen wider. Der Ufervorsprung, auf dem später aus einer uralten Kapelle die Klemenskirche erstehen sollte, und der dichte, bergende Wald wurden Stätten der Überfälle und reicher Beute. Der Abt von Kornelimünster, weit entfernt in Aachen und völlig machtlos, wußte sich nicht anders zu helfen, als 1245 den Kurfürsten und Erzbischof Sigfrid III. von Mainz (1230–49) „den Schutz seiner Besitzungen" anzutragen. Mainz war bereit, diesen zu übernehmen, denn es war selbst durch Philipp ernstlich geschädigt. Um dem Räuberunwesen ein Ende zu bereiten, sammelte sich 1253 mit Zustimmung des Erzstiftes Mainz das Heer der Städtebünde, belagerte und zerstörte im Auftrage von Kornelimünster die Burg Reichenstein. Philipp von Hohenfels ergab sich in demütiger Haltung, leistete den Treueeid künftigen Gehorsams und trat sogar dem Städtebund bei als Mitwahrer des Rechts und des Friedens. Doch diese aufgezwungene Ruhezeit der Buße nutzte er aus, um seine Burg zu befestigen und eine gewaltige, über drei Meter dicke Mauer längs des Berghangs hinter dem tiefen Halsgraben aufzurichten, die massig, durch keine Gliederung gemildert, bis zu den Zinnen steil aufragte. Den Abschluß der Mauer krönten zu beiden Seiten zwei zierliche, erkerartige Türmchen, die für den Turmwächter bestimmt waren. Die Wohngebäude, ebenfalls von starken Mauern geschützt, wurden prächtig erweitert und wohnlich hergerichtet, denn der rauhe Philipp hatte Sinn für künstlerische Gestaltung. Die Fußböden wurden mit grün-roten Fliesen aus gebranntem Ton belegt, die Wände mit schweren Stoffen behängt, und Öfen aus glasierten Kacheln sorgten für warme Behaglichkeit. So wohlverwahrt, mit Nahrungsmitteln reichlich versehen, fühlte Philipp von Hohenfels sich mit seinen sechs Burgmannen, mit Knechten und Bogenschützen und einem ansehnlichen Waffenarsenal uneinnehmbar sicher: Nun konnte er den durch ein Gelübde aufgezwungenen Schafspelz wieder abwerfen, und heraus sprang ein Wolf, wilder und schlimmer denn je.

Der englische Richard von Cornwallis war in der Zeit des Interregnums König. Er war der Bruder des englischen Königs Heinrich III. und einer der reichsten Männer seiner Zeit. Vom Kölner Erzbischof, Konrad von Hochstaden, dem Erzbischof Gerhard von Mainz, aus dem Geschlecht der Wildgrafen, und dem Pfalzgrafen bei Rhein, Ludwig dem Strengen, Herzog von Bayern, war Richard am 13. Januar 1257 zum König gewählt worden, nachdem sein Rivale Wilhelm von Holland auf dem Schlachtfeld in Friesland den Tod gefunden hatte. König Richard von Cornwallis ernannte den bösen Philipp von Hohenfels zum Reichsvikar. Mit dieser Ernennung setzte er treffsicher den Elefanten in den Porzellanladen. Philipp zögerte nicht und schritt sogleich zur Tat. Vermittels seines neuen, ehrenvollen Titels, seiner reichen Geldmittel, die räuberische Zolleinnahmen ihm eingebracht hatten, und einiger mit dem Erzstift Mainz unzufriedener Freunde, erreichte er, daß sein Lehen von der Lehensoberhoheit des Erzbischofs freikam und ihm als Eigentum zufiel. Als er sich aber im großzügigen Verfahren eines ungehemmten Räuberdaseins an geistlichen Gütern vergriff, belegte ihn der Erzbischof von Mainz mit dem Kirchenbann. Philipp von Hohenfels kroch knurrend ein

Trechtingshausen, Burg Reichenstein

zweites Mal zu Kreuze und schwor im Jahre 1267, „die kirchlichen Güter zu schützen und sich selbst aller erpresserischen Unternehmungen zu enthalten“.

Mainz hatte es nicht besser verdient; es dauerte nicht lange, und Philipp kämpfte erbittert dagegen, seine Lehen vom Bistum Mainz entgegennehmen zu müssen, da er sich als „getreuer und christlicher Ritter seit 1263 seinem alten Lehensherrn Kornelimünster verpflichtet fühle“. Diesen Streit verlor er endgültig. Im Jahre 1271 huldigte er dem Erzbischof von Mainz und wurde von diesem in wahrhaft christlicher Langmut wieder als Vogt auf Burg Reichenstein bestätigt.

Unterdessen waren die Zustände in der „kaiserlosen, der schrecklichen Zeit“ immer verwirrender und haltloser geworden. Jeder kleine Ritter gründete seine Dynastie und herrschte nach eigenem Belieben. Philipp von Hohenfels konnte sich diese Gelegenheit nicht entgehen lassen. Noch immer ein Ritter ohne Furcht, doch zunehmend tadelnswerter in den Unternehmungen seines frevelhaften Lebens, war er nun ergraut und an Jahren ein alter Mann geworden. Noch ehe er seine neuen Vorhaben in die Tat umsetzen konnte, und während seine Gefangenen im dunklen Verlies der Burg schmachteten und sein Raubritternest Angst und Schrecken im Lande verbreitete, trat der rastlose Recke an einem Sommertag des Jahres 1277 von der Bühne des Lebens ab. Er hinterließ sechs Söhne und zwei Töchter. Von dieser Raubvogelbrut erbte der dritte Sohn Dietrich die Burg Reichenstein. Er übertrumpfte seinen Vater noch an Unbotmäßigkeit und Wildheit. Mit der Königskrönung Rudolfs von Habsburg war die Zeit des Interregnums beendet. Im Jahre 1282 erschien er am Rhein und ließ seine Faust zerschmetternd auf die Raubritterburg niedersausen. Die starken Mauern erwiesen sich zwar als uneinnehmbar – in unserer Zeit fand man noch in den anliegenden Weingärten Pfeilspitzen der Belagerer und Verteidiger –, aber die Burg wurde schließlich durch Hunger bezwungen. Die Besatzung, hohläugig und am Ende ihrer Lebenskraft, mußte sich ergeben.

Die Sage berichtet: Als das Todesurteil über Dietrich von Hohenfels und seine sechs Söhne gesprochen wurde, erbarmte sich König Rudolf der jungen, reckenhaften Söhne und überließ ihr Schicksal „der göttlichen Gnade“, indem er dem Gefangenen versprach, seinen Söhnen das Leben zu schenken, wenn es ihm gelänge, nach der Hinrichtung ohne Kopf an ihnen vorbeizulaufen. Von einem Geistlichen geleitet, schritt der zum Tode Verurteilte an der Reihe seiner Söhne entlang, kniete vor dem Ältesten nieder, der dem Henker am nächsten stand. Als er sich erhob, sauste das Schwert und der Kopf des Ritters rollte über den Boden. Der blutige Rumpf aber richtete sich jäh auf und jagte an der Reihe seiner Söhne entlang, sie alle überholend. So die Überlieferung. Die Wirklichkeit war weniger heldisch und dramatisch. Der Ritter Dietrich war beim Anrücken König Rudolfs geflüchtet. Die ritterliche Besatzung seiner Burg wurde – schlicht gesagt – aufgeknüpft. Der König ließ Burg Reichenstein niederbrennen und die Übeltäter samt denen von der Raubburg Sooneck an die Äste der Bäume hängen, hinter denen verborgen die Gesellen ihren Opfern aufgelauert hatten. Die Nachricht über dieses ungewöhnliche Urteil verbreitete sich in Windeseile in ganz Deutschland und wurde sehr unterschiedlich aufgenommen. Die einen priesen Rudolf als Retter aus unhaltbaren Zuständen, die anderen griffen ihn hart an. Aber auf jeden Fall hätte man erwarten können, daß das schmachvolle Urteil und die niedergebrannten Burgen abschrekkend gewirkt hätten. Doch schon kurz nach 1300 waren Reichenstein und Sooneck wieder aufgebaut, obgleich der König ausdrücklich am 1. Juni 1290 einen Entscheid beurkundet hatte,

„daß Burgen und Befestigungen, welche auf Grund eines Rechtsspruchs zerstört wurden, wie namentlich die Burgen Reichenstein und Sooneck, nicht wieder aufgebaut werden dürfen".

(Aus den Regesten der Erzbischöfe von Mainz.)

Dietrich von Reichensteins Macht war gebrochen, und so verkaufte er Burg und Vogtei Trechtingshausen an den mächtigen Pfalzgrafen Ludwig den Strengen, Herzog von Bayern, obgleich Reichenstein im Besitz des Erzstiftes Mainz war, und unbeschadet der Tatsache, daß der Pfalzgraf Ludwig ein gefährlicher Nachbar für das Bistum wurde. Doch da in jenen zügellosen Zeiten Verträge oft nichts gegen rohe Gewalt ausrichten konnten, blieben Reichenstein und Sooneck im pfalzgräflichen Besitz. Pfalzgraf Ludwig, der der Schwiegersohn König Rudolfs war, hoffte, sich wegen eines Wiederaufbaus beider Burgen mit dem König einigen zu können. Doch beide starben über diesen Plänen. Erst die beiden Söhne des Pfälzers, Ludwig und sein Halbbruder Rudolf, führten den Beschluß gemeinsam aus und bauten beide Burgen wieder auf. Diese beiden Pfalzgrafen gaben ihren Vorgängern auf Burg Reichenstein in ihrem ungebärdigen Lebenswandel nicht allzuviel nach. Weder Güte noch Drohung vermochten sie zu zügeln. Um wieder in den Besitz seiner Burgen zu kommen, griff der Erzbischof schließlich zu einer List, die den gewünschten Erfolg brachte. Da die Königswahl bevorstand und die Wünsche des Pfalzgrafen Ludwig, der auf Burg Staleck residierte, auf diese Würde hinzielten, versprach der geistliche Herr, seine Stimme für Ludwig abzugeben. Als Entgelt forderte er im Austausch Burg Reichenstein zurück. Am 25. Dezember 1315 kam der Handel zustande, der Pfalzgraf Ludwig bei Rhein, Herzog von Bayern, wurde König und gab die Burg an den Erzbischof zurück, aber nur auf dem Papier. Denn im Jahre 1319 war sie noch immer in pfalzgräflichem Besitz, obgleich der König wiederholt seinem Bruder Rudolf den Befehl erteilt hatte, Burg Reichenstein auszuliefern. Die letzte Aufforderung war mit einer Urkunde an den Erzbischof gegeben:

„die Burg möget ihr brechen, oder die möget ihr behalten, was ihr wollt, das stünde bei euch. Wenn man sie bricht, die Burg Reichenstein, soll feststehen, daß von Bingen bis Fürstenberg keine Burg gebaut werde".

Der Pfalzgraf Ludwig, unterdessen König geworden, hatte weder ein Recht auf Reichenstein, noch konnte er seinem dort ansässigen Bruder Rudolf befehlen, sie herauszugeben. Zudem hatten beide sie gemeinsam aufgebaut. Rudolf hatte gar nicht daran gedacht, die stolze und feste Burg aufzugeben, um seinem Bruder die Königskrone zu sichern. Die Feindseligkeiten zwischen den beiden Pfalzgrafen wuchsen bis zum Haß, so daß Rudolf flüchten mußte und nach Wien in die Verbannung ging, wo er starb. Die Burg Reichenstein blieb weiter im Besitz seiner Mutter Mathilde, die eine Tochter König Rudolfs von Habsburg war, und seiner anderen Brüder, bis König Ludwig die Aufgabe der Burg erzwang und sie seiner eigenen Gemahlin als Witwensitz übertrug. Aber dauernde Familienfehden und Aufteilungen des Besitzes schwächten die Macht des pfälzischen Hauses, bis Ludwig, nun Kaiser Ludwig IV., im Jahre 1344 entschied, daß Burg Reichenstein dem Erzbistum Mainz zustehe. Der Unfriede hatte somit nach 28 Jahren endlich sein Ende gefunden. In der Folge wurde Reichenstein mehrere Male verpfändet, unter anderem an Kuno von Falkenstein, dessen Vorfahren schon vor eineinhalb Jahrhunderten die

Rudolf von Habsburg

Burg innehatten. 1361 wurde Reichenstein von Mainz wieder eingelöst und blieb dann nach heftigen Auseinandersetzungen endgültig im Besitz des Domkapitels, das seine eigenen Amtmänner auf der Burg hatte, die vielen Mitgliedern des Domkapitels zur Wohnung diente.

Es ist bemerkenswert, alle Ritter, die auf Burg Reichenstein saßen, überkam der Ungeist roher Gewalttätigkeit, die zu gefährlichen Zusammenstößen führte. Der Ritter, der im Jahr 1408 die Burg zu Lehen hatte, überfiel nach einem Turnier mit seinen Helfershelfern auf dem Heimweg einen alten, gehaßten Gegner, den Ritter Frank von Cronberg, beraubte und mißhandelte ihn und schleppte den Halbtoten in harte Gefangenschaft auf die Burg Reichenstein. Die drei geistlichen Kurfürsten suchten zu vermitteln, doch ohne Erfolg, bis sie sich entschlossen, die Burg zu belagern und dem Erdboden gleich zu machen. Der Reichensteiner, eingedenk des Strafgerichts Rudolfs von Habsburg, bot Sühne an und rettete so Burg und Leben. Dieses letzten Reichensteiners demütigende Unterwerfung, die Aufgabe seiner Selbstherrlichkeit und Anmaßung, war zugleich Auftakt zum letzten Akt der Geschichte von Burg Reichenstein. Aufruhr und Gewalttätigkeit hatten sie immer wieder in den Mittelpunkt der Geschehnisse gestellt. Nun war ihre Macht gebrochen, sie wehrte sich nicht mehr, griff nicht mehr an, denn auch ihre militärische Bedeutung war dahin; die Zeit neuer Kriegstaktik und neuer Kriegswaffen brach an, gegen die sie sich nicht mehr behaupten konnte. Burg Reichenstein wurde vernachlässigt und siechte dahin, sie zerfiel. Selbst als im Jahre 1688 Kriegswirren das Rheintal heimsuchten, hielt kein Befehlshaber es mehr für notwendig, ihre Mauern zu schleifen. Wind und Wetter zerklüfteten ihr Gestein, Unkraut überwucherte ihre preisgegebenen Gewölbe.

So waren drei Jahrhunderte über sie hinweggegangen, als 1834 ein General von Barfus die Ruine kaufte und den einzig erhalten gebliebenen Turm als Wohnung herrichten ließ. Vor dem gänzlichen Verfall rettete Burg Reichenstein im Jahre 1899 Dr. Nicolaus Kirsch-Puricelli, und entriß das im wuchernden Grün versinkende Gemäuer noch einmal dem Untergang, indem er es zum großen Teil nach alten Plänen neu erstehen ließ.

Heute ist Burg Reichenstein ein interessantes, gepflegtes Museum für alte Waffen, Wohnkultur und Kunstschätze. In ihrem Bereich, im ausgebauten Pferdestall das Schloßhotel, ein Haus der Gastlichkeit und guten Laune. Tägliche Besichtigung außer im November und Dezember.

Mit der Geschichte Reichensteins und ihrer Nachbarburgen steht die dicht am Rheinufer gelegene Klemenskapelle in so engem Zusammenhang, daß ihr ein besonderer Abschnitt gewidmet sein soll.

Die Klemenskirche

Ursprünglich war die kleine Klemenskirche eine romanische Pfeilerbasilika, wahrscheinlich aus dem 11. Jahrhundert. Nach dem Ende des 18. Jahrhunderts war sie eine zerfallene Ruine, in einer Gegend, die der Ort grausiger Verbrechen war. In früheren Jahrhunderten, als die Klemenskirche eine kleine Heiligenkapelle war, haben Eremiten täglich für das Seelenheil der hier Bestatteten gebetet, und vor dem Bilde des heiligen Klemens dankten Vorüberwandernde und die den Gefahren des Rheins entronnenen Schiffer für seinen Schutz. Als aber die kleine Kapelle zerfiel, weil die Gemeinde Trechtingshausen sie nicht vor dem Verfall bewahren konnte, verschwanden die Eremiten, und in der Öde, Verlassenheit und unheimlichen Stille erwuchs aus dem Gemäuer eine drohende Gefahr für die Menschen dieser Gegend. Lichtscheues Gesindel nistete sich in der Ruine ein, überfiel die Wanderer, plünderte sie aus und ermordete die wehrlosen Opfer, so daß niemand mehr wagte, in den Abendstunden – geschweige denn im Dunkel der Nacht – diesen verrufenen Ort zu passieren.

Es gibt über diesen Platz und seine Kirche aber auch eine Überlieferung, die an die historische Tat König Rudolfs von Habsburg anknüpft. Sein Strafgericht, das die Landfriedensbrecher von den Burgen Reichenstein, Sooneck und Heimburg dem Strick des Henkers ausgeliefert hatte, wurde zwar von der Bevölkerung aufatmend gepriesen, vom Adel und vor allem von den Familien der Gerichteten mit Erbitterung und Entsetzen aufgenommen. Es war nicht nur die Schmach der Todesart, sondern auch die dem religiösen Gefühl entsprungene Angst um das Seelenheil der Toten, das die Leidtragenden nun eilig handeln ließ, denn diese wußten wohl, welch heißer Ort der Toten bei der Landung im Jenseits harrte. Darum holten sie die Gerichteten

Clemenskapelle 1853, bei Trechtingshausen

heimlich aus ihrer luftigen Höhe, begruben sie an Ort und Stelle und beschlossen, an der Stätte des Todes eine Kapelle zu errichten. Die Erlaubnis zu dieser frommen Stiftung wurde gewährt. Die Eichen, an denen die Henker ihr Werk getan, wurden zersägt für den Bau des Gotteshauses. Auf den Resten der aus dem 11. Jahrhundert stammenden Basilikakapelle wurde die Klemenskirche gebaut und, von allen Seiten gefördert, in kurzer Zeit vollendet. An ihrer Mauer entlang reihten sich die Klausuren der Eremiten, die täglich Seelenmessen abzuhalten hatten. Sogar der Erzbischof von Mainz ließ sich herbei, die Gräber zu weihen: „Geweiht dem göttlichen Erbarmen für die Seelen der Hingerichteten." Endlich konnten sie in Frieden ruhen, denn Schuld und Schande waren getilgt. Fortan wurde der Ort als Begräbnisstätte für die Gemeinde Trechtingshausen gebraucht.

Doch große Ereignisse verwandelten das Bild auch dieses friedlichen Ortes. Die Gegend, einst so reich bewohnt von adeligen Familien, verödete in der Zeit der Reformation. Das Geschlecht der Waldeck-Saneck starb zum größten Teile aus. Die letzten Nachkommen dieser großen Familie wurden von den Stürmen des Lebens vernichtet oder in alle Winde verweht. Der Gemeinde Trechtingshausen fehlten die Mittel, die zerfallende „Grabeskirche zum göttlichen Erbarmen" vor dem Zusammenbruch zu bewahren. So wurden Ort und Ruine wieder Versteck für Wegelagerer und Zeugen finsterer Taten. Der Vorhang fiel, bis im Jahre 1828 Prinz Friedrich von Preußen der Burg Vogtsberg unter dem Namen „Rheinstein" wieder neuen Glanz verlieh. Gleichzeitig ließ Prinz Friedrich die Ruine der Klemenskirche erneuern und gab sie ihrer ursprünglichen heiligen Bestimmung zurück. Am 16. August 1834 wurde ein Dokument unterzeichnet, daß die evangelischen Schloßbewohner und die in der Gegend wohnenden Protestanten mit den gläubigen Katholiken abwechselnd in der Klemenskirche ihren Gottesdienst abhalten sollten. Doch nicht lange währte die Gemeinsamkeit christlichen Friedens. Schwierigkeiten, Streitereien und gegenseitige böswillige Angriffe bereiteten dem edlen Werk ein Ende. Schloßbewohner und Bürgerschaft bauten sich ihre eigenen Kapellen, von keiner anderen Konfession mehr „behelligt".

Jahrhunderte der Wirren und Schicksale hatten die kleine einsame Kirche am Ufer des Rheins heimgesucht; Übeltaten, Gericht, Verdammnis, aber auch Geschlechtertreue hatte ihr Gesicht geprägt. Die Zeit hatte ihre Mauern zerbröckelt. Sie wäre vom Erdboden verschwunden, hätte nicht die gute Tat einer frommen Fürstin sie der Vergangenheit entrissen und wieder erstehen lassen. Durch die sachkundige Pflege in unserer Zeit wurde es uns ermöglicht, die Klemenskirche in ihrer alten romanischen Gestalt mit ihrem schönen Chorgestühl zu bewundern und teilzuhaben an der Geschichte ihres tausendjährigen Bestehens.

Burg Sooneck

Rheinabwärts, nicht weit von Reichenstein, mit deren wilden und düsteren Schicksalen sie und ihre Insassen im 13. Jahrhundert verknüpft waren, thront stolz die zinnenbewehrte Burg Sooneck auf schwindelnder Felsenklippe, emporragend aus dem Gestein. Sie ist eine der landschaftlich am schönsten gelegenen Burgen des Rheintals und ihr Anblick erweckt frühe Kindheitserinnerungen an phantastische Spielzeugburgen und Ritterspiele in einer Herrlichkeit, wie sie nur die ungetrübte, beherzte Phantasie eines Kindergemüts hervorzaubern kann. Gelegen zwischen Trechtingshausen und der Heimburg, erscheint die Burg schon in den ältesten Urkunden unter dem Namen „Saneck", wahrscheinlich so geheißen wegen ihrer geographischen Lage. Der königliche Waldbesitz der Soon, unter der Bezeichnung „Sana", wird erstmalig im Jahre 868 erwähnt. Er dehnte sich aus von den Ausläufern des Hochwalds in nordöstlicher Richtung, auf dem linken Ufer der Nahe, über einen Teil des Hunsrücks bis an den Rhein und endete in einem Zipfel auf dem Berge, auf dem sich die Burg Sooneck erhebt. Unter diesem Namen finden wir sie schon in der zweiten Hälfte des 12. Jahrhunderts in den Urkunden der Abtei Kornelimünster als deren Besitz verzeichnet. Wie die benachbarte Burg Reichenstein zu der Abtei gehörend, wurde sie auch in alle Begebenheiten dieser Burg einbezogen. Ihre unbotmäßigen Insassen führten gemeinsam das rohe, gewalttätige Leben des in damaliger Zeit herrschenden Faustrechts, was zur gänzlichen Entartung des Ritterwesens führte, und die beiden Burgen unterlagen schließlich dem über sie hereinbrechenden Strafgericht König Rudolfs von Habsburg. Am 1. Juni 1290 beur-

Burg Sooneck unterhalb von Trechtingshausen

kundete der König den von ihm ergangenen Rechtsspruch, daß

„Burgen und Befestigungen, welche durch einen Rechtsspruch zerstört wurden, wie auch Burg Saneck, nicht wieder aufgebaut werden dürfen".

(Mittelrh. Regesten.)

In der Mitte des 13. Jahrhunderts, vor ihrem Raubritterdasein, war die Burg Eigentum des Königs Richard von Cornwallis, dem am 5. Januar 1209 geborenen Sohn des englischen Königs Johann ohne Land. Sein Oheim war der vielbesungene Richard Löwenherz, dessen Leben so reich an Liebe, Heldentaten und Unzulänglichkeiten gewesen war. Richard von Cornwallis' Bruder war König Heinrich III. von England, von seinen Zeitgenossen „Wachsherz" genannt. Er brauchte den tatkräftigen und klugen Beistand Richards, der, obgleich König in Deutschland, häufig in England weilen mußte, um Krone und Leben seines kränklichen Bruders zu erhalten und mit kühlem Kopf im Lande Ordnung zu schaffen. Seine häufige Abwesenheit von Deutschland raubte ihm die Zeit, um sich seinen eigenen Regierungsgeschäften im notwendigen Maße widmen zu können. Vielleicht wäre es ihm bei seinem Ehrgeiz und seiner Zielstrebigkeit sonst gelungen, auch den Kaiserthron zu erlangen.

In der Zeit des Interregnums, am 13. Januar 1257, war Richard von Cornwallis zum König gewählt worden. Am 17. Mai 1257 krönte ihn der Erzbischof von Köln, Engelbert II., in Aachen zum König. – Es lag nicht in Richards Charakter, durch Gewalt zu erreichen, was er mit guten Worten und Freigebigkeit erwerben konnte. Mit großzügigen Geldgeschenken verschaffte er sich Wohlwollen und Anhänger. Diese von ihm so elegant und meisterlich durchgeführten Aktionen nannte man landauf, landab: „die königliche Handsalbe". Bei seinen großen Geschäften gingen ihm zuweilen die Barmittel aus. Dann verschaffte er sich die notwendigen Geldmengen aus seinen englischen Besitzungen oder sogar durch Verkauf seiner heimatlichen Wälder. Auf diese Weise gewann er mit Geld seine Feinde für sich und kaufte die Städte, die ihn nicht als König anerkannt hatten. Seine kluge Politik, sein umgängliches Wesen, sein jugendlicher Charme, den er bis ins Alter bewahrte, seine Vermittlertätigkeit und Versöhnungsbereitschaft verschafften ihm Sympathien und festigten seine Machtstellung. Er brachte sogar eine Versöhnung zustande zwischen dem Erzbischof von Mainz und dem hartgesottenen, rauflustigen Philipp von Hohenfels auf Burg Reichenstein, der die von ihm widerrechtlich eingeheimsten Güter wieder zurückerstattete.

Nach König Richards im Jahre 1272 erfolgtem Tode ging Burg Sooneck in den Besitz der Abtei Kornelimünster über. In den darüber befindlichen Urkunden wird sie nun unter der Bezeichnung „Sooneck" erwähnt. Seit ihrer Zerstörung durch König Rudolf von Habsburg bis zum Jahre 1323 lag Todesschweigen über den Mauern der Burg. Ihr Wiederaufbau durch die Pfalzgrafen bei Rhein beschwor in der Folge unheilvolle Zwistigkeiten in der Familie herauf. Sie blieb aber nicht in pfalzgräflichem Besitz, denn der Erzbischof Mathias von Mainz verfügte über die Burg und sprach sie dem Domstift Mainz zu. Im Jahre 1346 belehnte Erzbischof Heinrich III. den Ritter Johannes Marschal-Waldeck mit Burg Sooneck, der als „Wächter und Schützer dieses Besitzes samt der bei Niederheimbach gelegenen Heimburg" urkundlich im Jahre 1347 erwähnt wird. Ihm gestattete auch Kaiser Karl IV. in einem Schreiben aus dem Jahre 1349:

„daz Huss, Saneck genannt, dazu etwan von des Reiches wegen gebrochen ist, mit

Johannes Marschalk von Waldeck † 1364, Pfarrkirche zu Lorch

Graben, Mawren und Thürmen vesten und machen wie ihm daz allirnützlichst ist, und dasselbe Huss haben und zu halden zu rechten Leen und dem Stifte zu Menze".
(Mittelrh. Regesten.)

Danach scheint der Wiederaufbau der Sooneck von den Pfalzgrafen nicht vollendet worden zu sein, denn Johannes von Waldeck übernahm diese Aufgabe. Das Hunsrücker Waldeck war einstmals ein mächtiges Ganerbenhaus und Kurmainzer Lehen. Durch vorteilhafte Teilungen unter den Söhnen dieses Geschlechts, durch Heirat, Lehensübertragungen und Erwerbung anderer Burgen verzweigte sich der Stamm derer von Waldeck in viele starke Äste. Sein mächtigster aber trug den Namen Marschalk-Waldeck. Schon zu Beginn des 13. Jahrhunderts wird diese Familie erwähnt. Ihr Wappen war ein goldener Balken im roten Feld, über und unter ihm drei silberne Flügel.

Als Johannes Marschalk-Waldeck (sein Grabmal befindet sich in der Pfarrkirche zu Lorch) 1346 mit der Burg belehnt wurde, bewohnte er diese nicht allein, sondern der Familientradition entsprechend mit seinem Bruder, der 1354 starb, und dessen Angehörigen. Der jüngste Bruder Gotfrit versah das Amt eines Domherrn zu Mainz. Sie nahmen den Beinamen „genannt von Saneck" an.

Die drei Brüder waren die Söhne des Ritters Konrad Marschalk-Waldeck und seiner im Jahre 1331 verwitweten Gemahlin Irmela.

Um das Jahr 1444 erlosch das Geschlecht in der Linie der Marschalke von Waldeck mit Johannes Marschalk von Waldeck-Saneck.

Da auch die verschwägerten Familien auf der Burg wohnten, erscheinen nur Ritter und Edelknechte mit dem Beinamen „genannt von Saneck", die nicht den des Burgherrn Marschalk von Waldeck tragen.

Der spätere Nachfahr einer Seitenlinie, Johann von Waldeck, war wieder Lehensträger auf Sooneck. Er ließ eine starke Ringmauer um die Burg legen. Er verheiratete seine einzige Tochter Moes mit Gerlach von Breitbach, der in Lorch ein ritterliches Anwesen besaß. Johann nahm vor seinem Tode diesen Schwiegersohn in die Lehensgemeinschaft auf. Bei Johanns Tod 1456 erlosch dieser Zweig der Waldeckschen Familie, und Gerlach wurde in der Erbauseinandersetzung ein Drittel der Burg zugesprochen. Seine Söhne Paul und Johann von Breitbach mußten sich ihr Erbe gegenüber den Verwandten aus Waldeckschen Seitenlinien erstreiten. Im Jahre 1483 wurde ein Vergleich geschlossen, wonach die Burg den Streitenden zu gleichen Teilen zugesprochen wurde. 1505 bestätigte der Erzbischof Jakob von Mainz diesen Vertrag noch einmal, um den Familienfehden auf Burg Sooneck ein Ende zu machen. Bis 1649 blieb es so, dann starben die von Waldeck aus, und die Herren von Breitbach wurden Alleinbesitzer der Burg Sooneck, bis auch dieses Geschlecht erlosch. Die Burg verödete und begann zu verfallen.

Doch kein zerstörender Einfluß hat es je vermocht, die bildhafte Schönheit der zinnenbewehrten Burg ganz zu vernichten. Auch als Ruine blieb ihr ein besonderer Zauber der Ritterromantik eigen. Wieder war es Kronprinz Friedrich Wilhelm IV. von Preußen, der auch ihr Erhalter wurde und sie unter Wahrung ihrer verbliebenen Baulichkeiten durch den Architekten Schinkel in neugotischem Stil wieder erstehen ließ.
Die Einrichtung der Burg und ihre Räume sind sehenswert. Ebenso ihre reichhaltige Sammlung, die das Museum beherbergt.

Aufstieg zur Burg Sooneck

Heimburg

Auf einem mäßig hohen, aber senkrecht steil abfallenden Felsen, kaum den Ort Niederheimbach und sein im 12. Jahrhundert errichtetes Befestigungswerk überragend, blickt die Heimburg über die Dächer hinweg. Sie ist eine fast quadratische Anlage mit einer von zwei gedrungenen Türmen mit 1,80 m dicken Mauern flankierten Schildmauer, von denen der eine Turm, ein gewaltiger Bergfried, dreißig Meter emporragt. Der rheinseits gelegene Palas mit herrlichem Ausblick auf den Rhein wird, seit dem Ende des vergangenen Jahrhunderts wieder aufgebaut, von der Industriellenfamilie Stinnes bewohnt.

Im Jahre 1294 kaufte der Mainzer Erzbischof Gerhard von Eppstein (1289–1305) dem rheingau'schen Kloster Aulshausen einen Weinberg ab und erbaute auf den Trümmern eines darin liegenden römischen Kastells, das einstmals die Römerstraße längs des Rheins beherrschte, die Heimburg. Sie sollte Schutz bieten gegen das anstoßende, stark bewehrte kurpfälzische Territorium. Gegenüber den Burgen Reichenstein, Sooneck und Heimburg lagen rechtsrheinisch die Lorcher Burgen, die ebenfalls kurmainzer Besitz waren und eine starke wehrfähige Phalanx bildeten. Ihre Grenze gegen die kurpfälzische Burg Gutenfels war das Felsental der „Werbellai“. Sie wurde gekennzeichnet – sozusagen ein moralischer Schutz – durch zwei Galgen, die dort einen Felsen zierten und die Richtstätte beider Gebiete waren. Der kur-

Schildmauer der Heimburg bei Niederheimbach

pfälzische Galgen war ein bescheidenes Einbein, der kurmainzer dagegen ein stattliches Dreibein. Dieser wurde auch üppiger bevölkert als sein Gegenüber und diente häufiger der Bevölkerung als anschauliches Erziehungsmittel der kurmainzisch frommen und gerechten Justiz. Erst im Jahre 1810 wurden die beiden Galgen entfernt.

Es war in jenen Zeiten des 13. und 14. Jahrhunderts selbstverständlich, daß die Ritter der Burgen am Rhein Wasser- und Wegezoll erhoben. Auch die Herren der Heimburg gehörten zu ihnen. Ebenso wie ihre Nachbarn ließen sie es nicht dabei bewenden, sondern sie beraubten die Schiffe und plünderten die Warenzüge der Kaufleute. Sie führten genau wie auf Reichenstein und Sooneck ein lustiges und einträgliches Raubritterdasein, bis es die Herren zu weit trieben, dem königlichen Strafgericht Rudolfs von Habsburg anheimfielen, und mit den Spießgesellen der Nachbarburgen, in luftiger Höhe schaukelnd, die Bäume zierten.

Man darf sich das Leben auf den Burgen nicht immer so rosig und selbstherrlich vorstellen. Sicher waren die Burgen am Rhein durch Zoll und Weinberge bevorzugt. Sie brachten viel Geld ein, von dem die Lehensritter oft einen willkürlich errechneten Teil behielten. Wie es aber ohne solche Vorteile landeinwärts auf kleinen Burgen aussah, wird in einem Brief von Ulrich von Hutten an einen Freund in der Stadt lebendig dargestellt:

„Ein Burgherr führt im Gegensatz zu den Städtern ein viel unruhigeres, außerdem gefährliches Leben, das keine Muße kennt. Seine Bauern, an die der Burgmann seine Ländereien verpachtet, sind arm und der Ertrag im Verhältnis zur aufgewandten Mühsal sehr gering. Man muß also sorgen und sich plagen und ein umsichtiger Wirtschaftler sein, denn der Burgherr ist Lehensmann eines Fürsten, der seine Rechte und Abgaben verlangt. Dafür kann man als (Unter)-Lehensmann seinen Schutz erwarten. Doch für einen Fürstendiener ist jeder Tag mit Gefahr und Furcht verbunden, denn er weiß nie, mit wem sein Herr in Fehde liegt. So läuft er Gefahr, beim Verlassen seiner Burg, von den Feinden des Fürsten überfallen und gefangengenommen zu werden, und das Lösegeld würde die Hälfte des Vermögens und noch mehr kosten. In solchem Fall ist selten Schutz des Lehensherrns zu erwarten. Darum ist der Burgmann gezwungen, Pferde und Waffen zu kaufen und sich ein großes Gefolge zu halten, ein kostspieliger Aufwand. Aber ohne Waffen und Waffengefährten ist es gefahrvoll, einen Bauernhof im eigenen Land zu besuchen, und selbst Fischfang und Waidwerk sind nur gewappnet und gepanzert möglich. Täglich gibt es Streitereien zwischen den eigenen und fremden Bauern. Diese müssen mit größter Vorsicht und oft genug unter Verzicht einer Entschädigung beigelegt werden, weil es sonst neue Fehden gibt, doch nicht nur zwischen Fremden, sondern zwischen Freunden, Verwandten und selbst oft Brüdern.

Die Burgen dienen nicht der Bequemlichkeit, sondern sie sind nur zur Wehr erbaut. Da sie von Gräben umgeben, oder auf steiler Berghöhe stehen, ist ihr Inneres von bedrückender Enge. Alle Räume sind vollgestopft und mit Mensch und Vieh zusammengepfercht. Statt jeder Bequemlichkeit enthalten die Kammern vor allem Verteidigungsmittel wie Pech, Schwefel, Büchsen und allerhand anderes Kriegsgerät. Ein ungeheurer Lärm erfüllt die Burg: das Hin und Her der Kommenden und Reitenden, das Wiehern, Blöken und Brüllen der Tiere und der Geruch des Unrats, des Schießpulvers, der zahlreichen Hunde und der eng zusammenlebenden Menschen erfüllt die Burg.

Ulrich von Hutten

Jeder Tag bringt Mühe und Arbeit, auch draußen in den Wiesen, den Weinbergen und den Wäldern, die zur Burg gehören. Es muß umgegraben, gepflügt, gewässert, gesät und geschnitten werden. Ist es ein schlechtes Jahr, herrscht bald furchtbare Not, die alle Herzen zermürbt in Sorgen und Aufregung . . ."
(Entnommen: Deutsche Vergangenheit: Fürsten und Ritter nach zeitgenössischen Quellen von Joh. Bühler 1928.)

Wer war Ulrich von Hutten? Er lebte von 1488–1523, wurde geboren auf der eben beschriebenen Burg Steckelberg bei Fulda, war Reichsritter und Humanist. Er lebte einige Zeit am Hofe des Erzbischofs Albrecht von Mainz, wurde später politischer Parteigänger Luthers und des Ritters Franz von Sickingen (1481–1523), bei dem Versuch, eine Reichsreform durchzuführen, bei der die Fürsten ausgeschaltet werden sollten. Der Kaiser sollte Alleinherrscher sein, nur gestützt auf die Ritterschaft. Huttens Anhänger aber gaben das Vorhaben auf und zogen sich von ihm zurück. Hutten kämpfte auf eigene Faust weiter für seine Idee. Je hoffnungsloser und verbitterter er kämpfte, desto mehr glichen die Mittel, deren er sich dabei bediente, denen der Raubritter. Der „Pfaffenkrieg am Mittelrhein" war sein letztes Unternehmen. Er mußte fliehen. Zwingli verschaffte ihm Asyl in der Schweiz. Dort starb der ehemalige Heißsporn, am ganzen Leibe siech und elend, im Alter von 35 Jahren.

Doch nun zurück zur Heimburg. Sie hatte das Glück, nicht völlig zerstört zu werden, denn sie war kurmainzer Besitz. Der Erzbi-

Grabmal des Erzbischofs Peter Aspelt † 1320, Mainzer Dom

schof – zwar unschuldig an den Greueltaten der Heimburger Ritter – war doch auch Nutznießer des erbeuteten Zollsegens.

Im Jahre 1315 ließ Erzbischof Peter von Aspelt (1306–1320) die beschädigte Heimburg wieder instandsetzen und sie stärker als zuvor befestigen. Doch trotz eifriger Bemühungen gelang es ihm nicht, die neuen Burgmannen in Zucht zu halten. So trieben diese obstinaten Herren, wieder wie ihre gehenkten Vorgänger, mit Eifer und Erfolg ihr Unwesen. Der ganze Rheinhandel – und Verkehr – lag schließlich brach, und die Not der gequälten, geprellten und ausgebeuteten Bevölkerung stieg ins Unerträgliche.

Da von Kurmainz keine Hilfe kam, rührte sich der Städtebund wieder einmal und schwor, die drei Raubburgen Reichenstein, Sooneck und Heimburg zu schleifen und einen Wiederaufbau für alle Zeiten zu verhindern. Da trat endlich Erzbischof Peter von Aspelt, der ja auch von den durch die Burgmannen geschorenen Schäflein profitierte, in Aktion, denn mit dem aufgebrachten Städtebund war nicht zu spaßen, der zertöpperte ihm mehr, als ihm lieb war. In seinem langen, fruchtlosen Bemühen, seine verwilderte Horde auf der Heimburg zur Raison zu bringen, konnte er nicht umhin, seinerseits zu lernen, wie man Angriffen listig und geharnischt begegnet, um am Ende nicht der zu sein, dessen Fell zerzaust wird. Also verstärkte er zuerst einmal die Burg, die zu bekämpfen der Städtebund von ihm erwartete, und versorgte sie reichlich mit Waffen.

Dieses Waffenarsenal als instruktive Drohung benutzend, versuchte Erzbischof Peter von Aspelt sich gütlich mit dem Städtebund zu einigen, was jedoch fehlschlug. Zugleich aber angesichts der waffenstarrenden Heimburg bekamen die Städtebündler kalte Füße, und das Ganze endete – wie häufig in der Welt – wie das Homberger Schießen.

Als im Jahre 1354 Kaiser Karl IV. – Schwiegersohn des Pfalzgrafen Ruprecht bei Rhein – die Ansprüche des Mainzer Domprobstes Kuno von Falkenstein-Bolanden anerkennen mußte, und ihm für sein Guthaben von 40 000 Gulden, die das Erzstift Mainz ihm schuldete, Landstriche, Burg und Ortschaften am Rhein als Unterpfand zusicherte, wurde auch die Heimburg dabei erwähnt. Doch schon acht Jahre später erfreute sich das Erzstift wieder des ungetrübten Besitzes der Burg. Des unermüdlichen Kuno von Falkensteins ehrgeiziges Planen hatte sich wieder höheren Zielen zugewandt.

Von nun an senkten sich friedlichere Zeiten auf die Gegend. Ein kurmainzer Untergericht, das drei Dörfer zu verwalten hatte, zog auf der Burg ein und blieb dort bestehen bis zum Jahre 1438. Eine bürokratische Atmosphäre durchstaubte die Räume der Heimburg, wo einst das trunkene Gebrüll der bezechten Ritter von den Mauern widerhallte, wenn sie ihre erfolgreichen Raubzüge feierten. Als der 30jährige Krieg durch's Rheintal brauste, erschütterten diese Ereignisse die stille Burg nicht mehr wesentlich. Die Besatzung bot dem Feinde keinen Widerstand, sie hatte die Flucht vorgezogen. Auch als König Gustav von Schweden in ihren Mauern Quartier bezog, blieb die Heimburg unverletzt und unangefochten.

Nur die im Jahre 1689 einbrechenden Franzosen setzten sie in Brand, und das Feuer zerstörte sie völlig. Eine schwarze Ruine starrte erloschen ins Tal. Unkraut und Dornen wucherten in ihren Mauern und Regenschauer höhlten sie aus.

Hundert Jahre später, 1787, belehnte Kurfürst Karl Josef von Mainz einen Einwoh-

Grabmal Franz von Sickingen, Landstuhl

ner von Niederheimbach, Jakob Mertens, mit der verfallenen Burg. 1808 wurde jedoch die Lehensverfassung aufgehoben, und von dem Besitzer Mertens ging die Ruine an Konrad Korn, dessen Kinder sie am 11. Juli 1838 an den damaligen Obristen und späteren General von Barfus verkauften. Aber schon ein Jahr später ging die Heimburg in andere Hände über, bis schließlich die Familie Stinnes sie erwarb, wieder aufbaute und zu ihrem Wohnsitz erkor.

Von Hand zu Hand gereicht, zu verschiedenster Benutzung; ein wehmütig stimmendes, unrühmliches und bürgerliches Schicksal der einst so mächtigen, lebensvollen und dem Alter nach so ehrwürdigen Burg, deren Urbeginn bis in das Jahr 996 zurückreichen soll.
Die Heimburg – Privatbesitz – ist nicht zu besichtigen.

Burg Fürstenberg

Auf einem steilen Bergkegel erbaut, blickt Burg Fürstenberg, noch stolz in ihrem Verfall, über das zu ihren Füßen liegende Rheindiebach hinweg. Sie war in früheren Zeiten eine der mächtigsten Burgen am Rhein. Heute ist sie zu einem Trümmerwerk zusammengesunken, von blühendem Gesträuch überwuchert und von Vogelgezwitscher erfüllt. Doch an den ragenden, pittoresken Mauerresten ist zu ermessen, wie großartig und ausladend die Burg in ihrer großen Zeit gewesen ist. Kriege und der Ablauf von Jahrhunderten haben sie völlig zerstört, nur der Bergfried, hoch und stark gebaut, hat selbst den Sprengungsversuchen der Franzosen im Orleans'schen Kriege widerstanden und steht als einsamer, trotziger Kämpe inmitten des Verfalls.

Hart an der Grenze gegen Kurmainzer Gebiet liegend, war Fürstenberg von großer Bedeutung, denn sie lag im Bereich der „vier Täler", wie im Mittelalter die rheinischen Orte, Städte und Dörfer genannt wurden, die im Schoße der Bergtäler lagen und deren Hauptplatz die am Rheinufer gelegene, rebenberühmte Stadt Bacharach war. So wie rheinabwärts die pfalzgräfliche Burg Staleck Beschützerin von Bacharach und ihrer umliegenden Gebiete war, so schirmte Fürstenberg – auch eine pfälzische Burg – das zu ihren Füßen sich erstreckende Rheindiebach und die „vier Täler". Sie war größer, stattlicher und wehrwirksamer als ihre Nachbarin, die Heimburg, die Kurmainzer Besitz war. Das Dorf Rheindiebach war von einer Befestigungsmauer umgeben, die von Ecktürmen gekrönt war. Fürstenberg schützte das reiche Weinland vor dem Zugriff der Kurmainzer, denn die Gegend war ihrer erlesenen Weine wegen von größter Wichtigkeit. Ihre Bewohner waren „freie Bürger", und der rheinische Adel besaß hier ansehnliche „Freihöfe".
Es gibt keinen urkundlichen Beleg über die Entstehungsgeschichte der Burg Fürstenberg. Im Jahre 1220 soll der Erzbischof von Köln, Engelbert I., der Heilige genannt, als Gegenpart des Pfalzgrafen Ludwig auf Staleck, Fürstenberg erbaut haben. Die feindseligen Auseinandersetzungen dauerten zwanzig Jahre; dann fand eine Versöhnung statt, und im Jahre 1243 gab der Erzbischof dem Pfalzgrafen die Burg als erbliches Lehen.

Das Mauerwerk der Burg war von stattlicher Höhe, fest gefügt und widerstandsfähig, so daß selbst geschleuderte Steinkugeln nicht über ihre Zinnen ins Innere dringen konnten. Nach Westen schützte die Burg auch noch ein tief in den Fels gehauener Graben. Der hohe, gewaltige Bergfried, massiv und drohend, gebot jedem Feinde Einhalt. Kein Wunder, daß die Burg im 13. Jahrhundert in den Geruch kam, eine Raubritterburg zu sein, denn ihre Burgmannen fühlten sich unbezwingbar und waren ein recht obstinates Volk von kecker, furchtloser Anmaßung, niemanden und nichts respektierend. Als sich Adolf von Nassau 1292 zu seiner Königskrönung nach Aachen begab, verweigerte er der Burg die Zollentrichtung, worauf die Burgmannen des Pfalzgrafen unter ihrem Anführer Ulrich von Steine ohne zu zögern den Zug Adolfs mit Waffengewalt angriffen und einen Begleiter töteten. Der Überrumpelte zahlte seinen Tribut. Adolf von Nassau, geb. 1250, seit 1292 König, war wenig angesehen, denn er hatte nur geringen Landbesitz und galt deshalb als arm und schwach. Er machte den Kurfürsten Zugeständnisse und wurde dafür auf Betreiben des Erzbischofs Gerhard von Eppstein zum König gewählt. Er nahm Gelder von England für seine Hilfe gegen Frankreich, ohne je in den Kampf einzugreifen. Zur gleichen Zeit ließ er sich seine Neutralitätserklärung von Frankreich bezahlen, denn er hatte kein Vermögen und wollte seine Hausmacht stärken. Die Kurfürsten billigten sein Vorgehen nicht und setzten ihn ab zugunsten Albrechts von Österreich, gegen den Adolf von Nassau in der Schlacht bei Göllheim 1298 fiel.

Der Überfall der Burgmannen des Pfalzgrafen auf Adolf von Nassau kann als übles Omen für die spätere Entwicklung der Beziehungen beider Häuser angesehen wer-

Fürstenberg 1824

den. Fünf Jahre später, am 24. 12. 1297, wurde eine Heiratsvereinbarung unterzeichnet zwischen König Adolf von Nassau und dem Herrn von Fürstenberg, dem Pfalzgrafen Rudolf I., wonach dieser die Tochter des Königs, Mechthild, ehelichen sollte. In diesem Vertrage wurde unter anderem Fürstenberg der Mechthild als Wittum überschrieben.

Burg Fürstenberg war nicht allein wegen ihrer weitläufigen, wohnlichen Bauweise und einzigartigen Lage beliebter Aufenthalt der Pfalzgrafen, sie wurde auch nach den getroffenen Vereinbarungen mit König Adolf von Nassau Witwensitz der Pfalzgräfin Mechthild, nachdem ihr Gemahl Rudolf I. 1319 gestorben war. Rudolfs Bruder Ludwig, der für seine Wahl zum Kaiser viel Geld benötigte, hatte Fürstenberg an den Erzbischof von Trier verpfändet. Als drei Jahre vorher Rudolf auf Befehl seines königlichen Bruders Ludwig die Pfalz räumen mußte, weil er sich gegen diesen widersätzlich verhalten hatte, flüchtete er nach Wien, wo er 1319 starb. Ludwig veräußerte den Witwensitz seiner Schwägerin Mechthild und wollte sie mit einem anderen „Wittum" abfinden. Dieses unfreundliche Verhalten gegen die Gemahlin seines verstorbenen Bruders gab Anlaß zu einem jahrelangen erbitterten und bewaffneten Widerstand Mechthilds und ihrer Söhne. Sie erkannte den ihr von Ludwig zugewiesenen Witwensitz nicht an, zumal Fürstenberg ihr rechtlich zustand. 1321 eroberte Ludwig die Burg und zwang seine Schwägerin und deren Söhne, ihn als Inhaber des Pfandrechts anzuerkennen und somit für alle Zeiten auf Fürstenberg zu verzichten.

Kaiser Ludwig bedeutete die Burg so viel, daß er sie als unverpfändbares Wittum nun für seine eigene Gemahlin, Margareta von Holland, bestimmte. Ferner ließ er am 4. Juni 1326 urkundlich festlegen, daß die Burgmannen seinem Schwiegervater Wilhelm von Holland den Treueid geleistet und geschworen hätten, Margareta das ihr zugesicherte „Leibgedinge" treulich zu bewahren. Zugleich versprach Ludwig, auf der Burg nur noch Mannen zu halten, die zuvor den gleichen Eid geleistet hätten.

In späteren Jahren wird weniger von den Aufenthalten der Burginhaber auf Fürstenberg berichtet, doch blieb sie immer in pfalzgräflichem Besitz.

Wie alle Burgen im Wandel der Zeit, verlor auch Fürstenberg an Bedeutung und Wert, als die Anwendung von Schießpulver in den Kriegen aufkam. Im 30jährigen Krieg teilte Fürstenberg die wechselnden Schicksale ihrer Schwesterburg Staleck, bis 1689 auch ihre Stunde schlug. Der Marquis Spinola, der mit seinen spanischen Heerhaufen 1620 durch das Rheintal zog, legte seine wüste Besatzung auf die Burg Fürstenberg und schloß den Pfarrherrn von Bacharach samt seinen geistlichen Kollegen der umliegenden Orte in Ketten. Die Unglücklichen mußten zwölf Jahre in den lichtlosen, eiskalten, von Nässe triefenden Verliesen schmachten, bis im Jahre 1632 König Gustav Adolf von Schweden heranrückte und Burg Fürstenberg angriff. Spinola, in der Besorgnis, Feldschlangen und Haubitzen des Feindes könnten die Burg in einen Trümmerhaufen verwandeln und die Belagerten darunter begraben, ergab sich den Schweden. Damit schlug auch die Stunde der Befreiung für die armen Gefangenen, soweit sie die jahrelange Tortur überstanden hatten.

Als neuer Schrecken kamen dann 1689 zur Abwechslung die Franzosen nach Burg Fürstenberg. Dieses Ereignis wurde ihr zum Verhängnis. Der französische Befehlshaber befahl seinen Soldaten, mit den hierfür gepreßten Talbewohnern die Burg dem Erdboden gleichzumachen. Trotz heftiger Bemühungen hielt der gewaltige Turm der

Zerstörungswut stand. Doch da verborgene Schätze im Turmverlies vermutet wurden, wurde mit großem Aufwand ein Loch in den Fußrand der Turmmauer gebrochen, indeß die vorgesehene Sprengung unterblieb, aus Angst vor der eigenen Courage oder um das Pulver zu sparen, für weitere Vernichtungsvorhaben im Rheintal.

Als die Kriegsgreuel vorbeigezogen waren, vereinsamte die stolze, geschlagene Burg und wurde Nationaleigentum ihrer Zerstörer, der Franzosen, und eines Tages versteigert. Ein biederer Weinhändler erstand sie und schuf Lagerräume in dem kühlen Gemäuer. Um die weitere Erhaltung der Burg kümmerte er sich nicht. Da er aber ein findiger und berufstüchtiger Weinbauer war, kaufte er auch die sonnenhelle, verunkrautete Umgebung der Burg, denn er hatte die günstige Lage zum Anbau eines Weinbergs wohl bedacht, der später auch einen Spitzenwein lieferte.

Inmitten der Emsigkeit blühenden Lebens und köstlicher Reben, immer tiefer im Gestrüpp versinkend, zerbröckelten die Mauern der Ruine Fürstenberg. Allein der Turm, um dessen brandgeschwärztes Haupt die Krähen unermüdlich kreisen, ragt trotz des Verfalls wie ein todesmüder Kämpe empor, der, schon im Sterben, schweigend seiner letzten Stunde harrt.
Die Ruine Fürstenberg gehört zu einem Weingut, keine Besichtigung.

Ruine Fürstenberg bei Rheindiebach

Burg Nolling oder Nollich

Die Burg wurde im 11. Jahrhundert auf der nördlichen Höhe von Lorch, auf unzugänglichen Schieferfelsschroffen, als Außenwerk der Lorcher Stadtbefestigung erbaut. Die ungewöhnliche Gestalt dieses Bauwerks, die von der Norm anderer Ritterburgen abweicht, läßt vermuten, daß zu seinem Aufbau die noch vorhanden gewesenen Grundmauern eines Römerkastells verwandt worden sind.

Burg Nolling, ein Bau, zwei Stockwerke hoch, war nie etwas anderes als eine „Wachte", ein befestigter, turmartiger, quadratischer Beobachtungsposten, gesichert von einer zehn Meter hohen Umfassungsmauer, die zur Bergseite hin in die zwei Meter dicke Schildmauer übergehend, von zwei Ecktürmen flankiert war. Ein Wehrgang über dieser Mauer verband die Türme. Das Innere der „Burg" war für Wohnzwecke ungeeignet. Sie bot nur Wächtern und Verteidigern Quartier. Diese meldeten den anrückenden Feind, den sie schon von weitem ausmachen konnten und schützten so die Stadt Lorch vor einem Überraschungsangriff.

Lorch breitet sich zwischen der Wispermündung und den zurücktretenden Rheinhöhen aus. Die Pfarrkirche, am Ende eines aufsteigenden Straßenzugs gelegen, beherrscht den Ort.

Das Geläute ihrer Glocken soll wohltönender sein, als das aller anderen Glocken des Rheintals. Im Innern birgt sie noch heute manchen Schatz; sie enthält Grabmäler der berühmtesten Lorcher Ritterfamilien, die, wenn auch verwittert, nichts von ihrer starken Ausdruckskraft verloren haben.

Im 13. und 15. Jahrhundert war Lorch eine rührige, lebensvolle Stadt durch die Industrie ihrer Wollwebereien. Die Zahl der in Lorch ansässigen Ritterfamilien war ungewöhnlich hoch im Vergleich zu der der bürgerlichen Einwohner. Die Ritter schlossen sich zu einer Interessengemeinschaft zusammen und nahmen Einfluß auf die Geschicke der Stadt, die sie beherrschten. Ausdruck ihrer Ausgeglichenheit, ihres Standesbewußtseins und ihrer ruhigen Würde vermitteln uns die Gestalten auf den Grabmälern in der Pfarrkirche, von denen sechs noch erhalten und besonders interessant sind durch die sorgfältig ausgeführten Rüstungen der Männer und die gediegenen, zeitgenössischen Gewänder ihrer Frauen, durch die Charakterisierung jeder einzelnen Persönlichkeit und die feine, fast blumenhafte Ornamentik der Wappen.

Das künstlerisch bedeutendste Monument, das des berühmten Johann Hilchen von Lorch in der prächtigen Rüstung eines Feldmarschalls, begleitet von seinem Hund und umrankt von der Vielzahl der Wappen seines weitverzweigten Geschlechts, läßt uns die kraftvolle Gestalt lebendig werden. In Lorch ist das prächtige, von ihm 1546 begonnene Haus seiner Familie in stilvoller Schönheit erhalten geblieben.

In Lorch, der Hochburg des ritterlichen Adels, kamen im 16. Jahrhundert Handel und Wandel zum Erliegen, als der Kurfürst Albrecht I. die Reformation gewaltsam unterdrückte, so daß die Tuchmacher sich gezwungen sahen, in die Grafschaft Katzenelnbogen auszuwandern, wo sie in dem protestantischen Landgrafen Philipp dem Großmütigen einen gnädigen Herrn fanden, der sie schützte und in ihrem Glauben bestärkte.

Doch die Weinreben reiften weiter auf den Hügeln bei Lorch. Sie haben seit ihrem

Burg Nollich über Lorch

Anbau in karolingischer Zeit bis heute ihre Anziehungskraft nicht verloren.

Die Burg Nolling ist heute im Privatbesitz. Der Eigentümer hat einen Wohnturm und zwei Eckrundtürme nach der Bergseite hin wiederaufgebaut. Eine Besichtigung ist nicht möglich.

Burg Nollich mit Toteninsel bei Lorch

Johannes Marschalk † 1364

Feldmarschall Ritter Johann Hilchen † 1548

Philipp Hilchin von Lorch † 1517, Ehefrau Elizabeth von Bicken † 1480

Ritter Johann Hilchin von Lorch † 1512 und seine Ehefrau Else von Walderdorff † 1512

Ritter Johann von Eschbach und seine Ehefrau Anna von Nassau † 1496

Ritter Johann von Breitbach, Herr zu Olbrück † 1516 und seine Ehefrau Loretta von Schoneck 1500

Burg Staleck

Die Ruine der Burg Staleck liegt ausgedehnt auf einer Felskuppe. Mauern und Gewölbe ziehen sich weit zur Tiefe hinab. Die mächtige, imposante Burgmauer mit ihren vorspringenden, noch im Verfall reizvollen Ecktürmen wächst aus einem aus dem Fels gehauenen Wasserbassin steil empor. Solche Zisternen, nur viel unansehnlicher, ersetzten bei den meisten Rheinburgen die Brunnen. Burg Klopp besitzt einen solchen, der 52 Meter tief ist. Ungeheure Mauerreste der einstigen runden Türme und der großzügigen Wohnräume haben Zerstörung und 800jährige Witterungseinflüsse von diesem einstmals so grandiosen Bauwerk zurückgelassen.

Man kennt die Namen einiger Grafen, die seit dem Jahre 1095 die Burg bewohnten, doch ihre Entstehungszeit liegt weiter zurück im Dunkel der Vergangenheit. In einer Urkunde des Jahres 1135 taucht erstmalig der Name eines Grafen von Staleck auf. Diesen Namen gab sich Goswin von Höchstadt, der einem mainfränkischen Geschlecht entstammte und sich durch seine „ritterliche Tugend und edle Mannhaftigkeit" auszeichnete. Durch Heirat mit Luitgard von Hengebach, der Witwe des 1102 verstorbenen Heinrich I. von Katzenelnbogen, war er in den Besitz der Burg gekommen. Als im Jahre 1140 Goswins Nachfolger, sein Sohn aus erster Ehe, der letzte Höchstadter, Graf Wilhelm, gestorben war, wurde das Lehen frei und die Grafschaft Staleck ging an des Königs Konrad III. Halbbruder Heinrich über. Schon ein Jahr später gab Heinrich die Grafschaft auf und König Konrad III. belehnte statt seiner seinen Schwager Hermann, Sohn aus Goswins zweiter Ehe mit der Witwe Heinrichs I. von Katzenelnbogen, mit der Burg Staleck, und er erhob ihn 1142 zum Pfalzgrafen bei Rhein. Hermann, tatkräftiger, unternehmender und rücksichtsloser als seine Vorgänger, von Gewissensnöten

Burg Staleck über Bacharach, Stich 19. Jahrhundert

nicht geplagt, mußte schwer um sein Lehen kämpfen, denn in dem Grafen von Rinneck erwuchs ihm ein hartnäckiger Rivale, der glaubte, ältere Rechte auf Staleck zu haben.

Fast zehn Jahre dauerte der erbitterte Kampf. Erst im Jahre 1148 ging Hermann durch eine schändliche Tat als Gewinner hervor. Der junge Sohn seines Gegners, Otto, fiel durch einen hinterhältigen Streich in Hermanns Hand. Dieser ließ seinen Gefangenen im Kerker erdrosseln wider Rittergesetz und Ritterehre. Der Vater Ottos zerbrach an diesem Unglück und starb zwei Jahre später. Durch diesen schnöden Mord fielen Hermann nicht nur endgültig die Pfalzgrafschaft zu, sondern auch noch die Besitztümer seines Gegners. Doch die Vergeltung blieb nicht aus. König Konrad III. von Staufen, erbost über die Freveltat, schickte Hermann ein Heer entgegen, schlug ihn und seinen Halbbruder und Kampfgenossen Heinrich II. von Katzenelnbogen, der ein übelbeleumdeter Raufbold war, und nahm ihm drei seiner Burgen weg.

Konrad III. war seit 1138 König. Er war durch eine ihm aufgezwungene Teilnahme am Kreuzzug an der Erwerbung der Kaiserkrone verhindert worden und starb 1150, während er für eine Romfahrt rüstete. Sein Neffe, Friedrich I., als Barbarossa in die Sage eingegangen, eilte nach Italien, um die Nachfolge anzutreten. Er galt als „die Blüte des deutschen Rittertums“. Während seiner ganzen Regierungszeit stand er in dauerndem Kampfe gegen die Welfen, insbesondere Heinrich den Löwen. In ihrem Streite handelte es sich in erster Linie darum, daß die Welfen – in Braunschweig ansässig – in ihrer Politik die Idee verfolgten, ihre Macht für Deutschlands Größe nach Osten auszuweiten – „nach Ostland woll'n wir reiten“ – und dort auf einer soliden Basis durch Kolonisation und kultureller Einwirkung deutsches Land zu schaffen.

Die Staufen dagegen wollten nicht nur Könige von Deutschland sein, sie strebten danach – wie einstmals Karl der Große – Kaiser, Nachfolger der Cäsaren zu sein und damit auch Italien und das Mittelmeer zu beherrschen.

Der Pfalzgraf bei Rhein, Hermann von Staleck, benutzte die Italienreise Friedrichs I., um Rache zu nehmen für seine Niederlage. Er vergriff sich an kirchlichem Gut, ungeachtet dessen, daß der Mainzer Erzbischof Arnold ihn wegen seiner Räubereien mit dem Kirchenbann belegte. Die Rückkehr Kaiser Friedrichs I. aus Italien im Jahre 1153 war Hermanns Untergang. Der Erzbischof hatte sich während des Kaisers Abwesenheit bemüht, die „reichen, der Stadt und Umgegend seiner Kirchen entrissenen Besitzungen wieder zu gewinnen, wodurch er mit jenen, namentlich dem Pfalzgrafen Hermann, in heftigem Kampf geriet, obschon er denselben zu vermeiden bestrebt war“.
(Aus den Regesten der Erzbischöfe von Mainz.)

Unter dem Vorsitz des Kaisers Barbarossa verurteilte der Reichstag zu Worms den aufrührerischen Grafen Hermann von Staleck und seinen Halbbruder und Spießgesellen Heinrich II. von Katzenelnbogen zur „Harnescharre“, zum Hundetragen, ein Urteil, das nach einem alten Frankengesetz über Landesfriedensbrecher verhängt wurde. Das gleiche Urteil erging gegen den Erzbischof Arnold, wurde aber mit Rücksicht auf sein hohes Amt nicht vollstreckt. Wenn auch der Kaiser Arnolds Ergebenheit anerkannte, so mußte er ihn doch hart verurteilen, weil er das Gesetz des Kampfverbots, den „verkündeten Landfrieden“ im eigenen Lande übertreten hatte.

Schloß Staleck über Bacharach

Das Leben des Pfalzgrafen Hermann sowie das des Erzbischofs Arnold verlief in einer schicksalhaften Verknüpfung. Beide waren hochangesehene Männer, dem Kaiser persönlich nahestehend. In ihm sahen sie den Mittelpunkt ihres Daseins: Arnold mit einer unbedingten Gefolgstreue und Hermann in einer von gegenseitiger Sympathie getragenen verwandtschaftlichen Bindung. Doch beider Leben zerbrach an den tragischen Verwicklungen ihrer kompromißlosen Geisteshaltung. Arnold war ein Gerechtigkeitsfanatiker ohne die kluge Einsicht der Weisheit und ohne die Toleranz, die sein hohes Amt erforderte.

Durch seinen unnachgiebigen Eifer brachte er nicht nur die mächtigen Vasallen und Ministerialen gegen sich auf, auch der Klerus war aufs äußerste erbittert, weil Arnold ihn mit rücksichtsloser Strenge behandelte und unlautere und aufrührerische Elemente entfernte. Die meisten Adeligen am Rhein standen gegen ihn, wie die Grafen von Sponheim, von Katzenelnbogen und von Staleck. Hermann nahm keine Sühne für begangene Taten an und verstrickte sich, aufs äußerste gereizt, durch die eigenmächtigen Erlasse des Erzbischofs immer mehr in Schuld, bis ihn sein bis zur Rachsucht mißgeleitetes Ehrgefühl aus seiner Lebensbahn schleuderte.

Erzbischof Arnold, in seiner Unnachgiebigkeit immer nur mit der Einsicht seiner Gegner rechnend, ging ihnen schließlich in die gestellte Falle. Er flüchtete in das Turmgeschoß einer Kirche, und als seine Feinde diese in Brand setzten, stieg er die in Flammen stehende Treppe hinab. Am ganzen Körper verbrannt, mit verkohltem Gesicht stellte er sich seinen Feinden, die ihn totschlugen und seine Leiche schändeten. Das arme Volk, dem er viel Gutes erwiesen hatte, beweinte ihn und fromme Mönche bargen seinen in der Gosse liegenden nackten Leichnam.

Doch nun zurück zur Verurteilung des Grafen Hermann von Staleck, der auch zu den Rechtsbrechern gehörte, die den Unstern über das Haupt des unglücklichen Erzbischofs heraufbeschworen hatten. Zur „Harnescharre" verurteilt, mußte der zügellose Graf barfuß im eiskalten Winter einen räudigen Hund, der ihm am Halse hing, von Kaiserslautern nach Enkenbach tragen. Diese Schande vor allem Volke war mehr, als sein Stolz ertragen konnte. Er legte Schwert und Rüstung ab, verkaufte seine Güter, bestimmte den Erlös für kirchliche Zwecke und zog sich, ein Gebrandmarkter, in die Abgeschiedenheit eines Klosters zurück. Dort starb er drei Jahre später. Zuvor hatte er mit dem Bau eines Zisterzienserklosters begonnen, das seine Gemahlin, Gertrude von Staufen, eine Schwester König Konrads III., zu Hermanns ehrendem Gedächtnis vollenden ließ. Der Kaiser unterzeichnete eine Urkunde, in welcher er „die Treue und Frömmigkeit des Grafen Hermann" höchlichst lobte.

Nach Hermann von Stalecks im Jahre 1156 erfolgten Tode überließ der Kaiser seinem jungen Stiefbruder Konrad, dessen kriegerische Tüchtigkeit er in den italienischen Kämpfen erprobt hatte, die Burg Staleck. Im gleichen Jahre erhielt er die Pfalzgrafenwürde. Für den Ort Bacharach, am Fuße des Burgberges gelegen, kam die erste Zeit des großen Aufschwungs, denn er schuf eine enge Verbindung zwischen dem alt-pfalzgräflichen und salisch-staufischen Besitz. Bacharach wurde die Residenzstadt dieses ausgedehnten Herrschaftsbereiches. „Konrad war ein junger Mann von mittlerer Größe, doch kraftvollem Körperbau und blond nach Staufenart." Er erlebte „das glanzvollste Fest aller Zeiten", die Schwertleite (Wehrhaftmachung) der beiden ältesten Söhne des Kaisers in der Pfingstwoche des Jahres 1184 zu Mainz. Seit Wochen hatte sich die Stadt für das

Fest gerüstet. Da sie die abertausend Gäste, die zu erwarten waren, nicht fassen konnte, wurde auf der rechten Rheinseite ein riesiges Zeltlager errichtet. Von den Spitzen der Zelte wehten die Banner und flatterten die Wimpel der Ritter mit ihren Wappen. Inmitten dieses lebhaften Schauspiels erhob sich die aus Holz gezimmerte Kaiserliche Pfalz mit dem Gotteshaus, das in seiner Weiträumigkeit alle Fürsten und Würdenträger aufnehmen konnte. Um die zahllosen Gäste großzügig bewirten zu können, hatte der Kaiser zu Wasser und zu Lande ungeheure Mengen Lebensmittel herbeischaffen lassen. Alles war bestens vorbereitet, das Fest konnte beginnen. Es zogen ein die Großen des Reiches, die kirchlichen und weltlichen Fürsten, Würdenträger und Ritter. Pfalzgraf Konrad von Staleck befand sich unter ihnen mit „wenigstens tausend Rittern“ und wurde von anderen an Zahl des Gefolges noch weit übertroffen. Das der Fürsten wurde auf 70 000 Mann geschätzt. Nach der feierlich vollzogenen Schwertleite folgte ein Turnier mit 20 000 Rittern in kostbaren Rüstungen

Staufischer Ritter, Miniatur um 1410

auf prachtvoll gezäumten und mit Federbüschen geschmückten Pferden.

Troubadoure besangen das Fest, und als die Geladenen wieder heimwärts zogen, trugen sie die Kunde von der Mainzer „Herrlichkeit“, von dem rühmlichen Edelsinn des Rittertums und der „Glorie“ des Kaisers in alle Lande zu immerwährendem Gedächtnis.

Kaiser Friedrich I. Barbarossa war mit seiner zweiten Gemahlin Beatrix auf dem Feste erschienen. Sie hatte ihm nicht nur ein ansehnliches Erbe, vor allem die Grafschaft Hochburgund, mit in die Ehe gebracht, sie war auch jung und von großer Schönheit: mittelgroß, von zierlicher Gestalt, das Haar „aus purem Golde“, mit schönen weißen Zähnen und einem heiteren und liebenswerten Wesen. So schildern sie ihre Zeitgenossen. Sie hatte viele Freier gehabt, doch wählte sie Friedrich zu ihrem Gemahl, denn er repräsentierte die erste Krone des Abendlandes und die höchste Gewalt in ritterlicher Weise. Beatrix stand ihm in seinem kampfreichen Leben treu zur Seite und unterstützte ihn durch ihren klugen und besänftigenden Einfluß. Bis zu ihrem Tode, nach dreißigjähriger Ehe, liebte sie ihren Gemahl und „hinterließ ihm eine blühende Nachkommenschaft als Ahnfrau jener kraftvollen Staufen, die die Geschicke Deutschlands mit starker Hand lenkten“.

Als auf dem Fest der Schwertleite infolge eines Sturmes die auf der Zeltwiese erbaute mächtige Holzkirche zusammenbrach und zahlreiche Menschen unter sich begrub, sah das Volk in diesem Unglücksfall eine Mahnung des Himmels, daß aller irdischer Glanz vergänglich sei. Als die Kaiserin Beatrix nach einem halben Jahr aus dem Leben schied, deutete man das traurige Ereignis als Vorzeichen ihres Todes. Der Pfalzgraf Konrad von Staufen saß sicher und stolz auf seiner Burg Staleck. Es ging ihm gut, nur nagte der Unwille an seiner Seele, daß beim Tode seines Vorgängers Hermann die von diesem durch eine Mordtat erworbene Burg Rineck von dem Kölner Erzbischof Reinald von Dassel eingeheimst worden war und er sie nicht mehr herausgab. Konrad sagte nach harten und langwierigen Verhandlungen dem Erzbischof die Fehde an, die am 18. Mai 1164 auf dem Felde bei Andernach ausgetragen werden sollte. Der Kölner, der den munteren und beharrlichen Kampfhahn auf Burg Staleck gut kannte, richtete ein gewaltiges Heer aus – man sprach von 125 000 Mann – und begab sich mit ihm zur Schlachtstätte. Aber der Pfalzgraf war nicht da, er erschien auch nach zwölf Tagen noch nicht. Unter dem respektvoll unterdrückten Jubel seiner Heerschar marschierte Erzbischof Reinald von Dassel, der Reichskanzler und engster Vertrauter des Kaisers war und großen Einfluß auf dessen politische Entscheidungen hatte, verstimmt nach Köln zurück. So wurde die Schlacht von Andernach aus dem Mai 1164 die schönste, die es je gegeben hat, nämlich eine, die nie stattfand.

Mit der Zeit kam wohl eine Versöhnung zwischen dem Erzbischof von Köln und seinem Widersacher Konrad von Staleck zustande, doch die umstrittene Burg Rineck fiel erst seinem Nachfolger wieder als Lehen zu. Im Jahre 1189 wurde das Lehen Staleck vom Erzbischof Philipp, dem Nachfolger Reinalds, in ein Erblehen umgewandelt als Sicherheit für Konrads Gemahlin Irmingard und deren einzige Tochter Agnes. Es war ein Geschenk des Dankes an Konrad, der 1184 auf dem Reichstag zu Worms auf seiten des Erzbischofs gestanden hatte.

Pfalzgräfin Irmingard vermählte im Jahre 1194 ihre Tochter Agnes in aller Heimlichkeit auf der Burg mit dem Sohne Hein-

Friedrich I. Barbarossa und seine Söhne (König Heinrich VII. und Herzog Friedrich von Schwaben)

richs des Löwen, dem politischen Gegner nicht nur ihres Gatten Konrad, sondern auch des Kaiser Heinrichs VI., Sohn und Nachfolger Friedrich Barbarossas, ein hochfahrender, grausamer und finsterer Charakter, der während seiner ganzen Regierungszeit 1190–97 im Kampf gegen Heinrich dem Löwen stand.

Kaiser Friedrich I. Barbarossa nahm im Jahre 1190 an seinem dritten Kreuzzug teil. Unterwegs ertrank er beim Baden im Flusse Saleph an der Südküste Kleinasiens. Der englische Chronist Gerald von Wales bricht bei Erhalt der Todesnachricht in die Worte aus: „O Meer, o Land, o Himmel! Der Leiter und allzeit Mehrer des Römischen Reiches, der den Ruhm des alten Rom aufs neue erblühen, sein Ansehen wieder aufleben, seine Macht emporwachsen ließ – ach, von dem Wasser erfaßt, geht er unter." Agnes' Vermählung mit dem jungen Welfenherzog Heinrich war eine Liebesheirat und ist als „die Hochzeit von Staleck" in die Geschichte eingegangen. Trotz des väterlichen und des Kaisers Zorn über die heimliche Eheschließung trug sie doch zur Versöhnung der feindlichen Häuser Staufen und Welfen bei. Pfalzgraf Konrad starb 1195, ein Jahr nach der Vermählung seiner Tochter Agnes. Er starb ohne männlichen Nachkommen. Der junge Heinrich wurde nach dem Ableben der beiderseitigen Väter einer der mächtigsten Fürsten. Er starb im Jahre 1211. Sein einziger Sohn, Heinrich Welf der Jüngere, folgte ihm zwei Jahre später, achtzehn Jahre jung, im Tode nach.

Kaiser Friedrich II. übertrug die Pfalzgrafschaft an Ludwig von Kelheim, Herzog von Bayern. Nach einigen Jahren überwarf sich Ludwig mit Kaiser Friedrich II. Sohn Heinrich VII., der 1220 zum König gekrönt wurde. Ludwig wandte sich von den Staufen ab und der päpstlichen Partei zu. Dieser Wandel schuf ein gespanntes Verhältnis, dann Feindseligkeit am Hofe und war der erste Vorbote des blutigen Endes, das Ludwig I. erwartete. Ein Jahr nach seinem Abfall vom Kaiserhaus nahm der Pfalzgraf an einem unglücklich verlaufenden Kreuzzug nilaufwärts teil, zu dem nicht nur die ihm ergebenen Heerführer, sondern auch der päpstliche Legat geraten hatten. Das Kreuzfahrerheer geriet durch widrige Umstände in höchste Not und mußte sich zum Rückzug entschließen. Nach einem mit dem siegreichen Sultan abgeschlossenen Vertrag fiel auch Herzog Ludwig, der Pfalzgraf bei Rhein, in die Hände der Ungläubigen. Er erhielt erst seine Freiheit wieder, als die Stadt Damiettes vertragsmäßig an den Sultan ausgeliefert worden war.

Ende des Jahres 1227 erlebte Pfalzgraf Ludwig I. noch die Schwertleite seines Sohnes Otto in Gegenwart des Königs und vieler geistlicher und weltlicher Würdenträger. Vier Jahre später, 1231, wurde er in Kelheim von seinen Widersachern ermordet.

Im Alter von 22 Jahren tritt Otto II. der Erlauchte 1228 die Regierung der Pfalzgrafschaft an. Als blutjunger Mann hatte er die zierliche Agnes geheiratet, die aus der Liebesehe des Pfalzgrafen Heinrich und Agnes, der Tochter Konrads von Staufen, hervorgegangen war. Infolge dieser Verbindung fiel der ganze Besitz Heinrichs des Welfen und der Agnes von Staufen dem bayrischen Hause Wittelsbach zu und blieb dort 600 Jahre lang. Otto II. der Erlauchte führte 1233 einen Krieg gegen Heinrich den Staufen, der sich gegen seinen Vater, den Kaiser Friedrich II., empört hatte. Aber Herzog Otto unterlag und mußte dem Sieger seinen fünfjährigen Sohn Ludwig II. als Geisel ausliefern. Friedrich II. forderte und erreichte die Rückgabe des kindlichen Gefangenen. Als der kleine Ludwig sieben Jahre alt war, wurde er auf Betreiben des

Erzbischof von Dassel, am Dreikönigenschrein im Dom zu Köln

Kaiser Heinrich VI., 1165–1197

Kaiser Friedrich I. Barbarossa als Kreuzfahrer 1162–1190

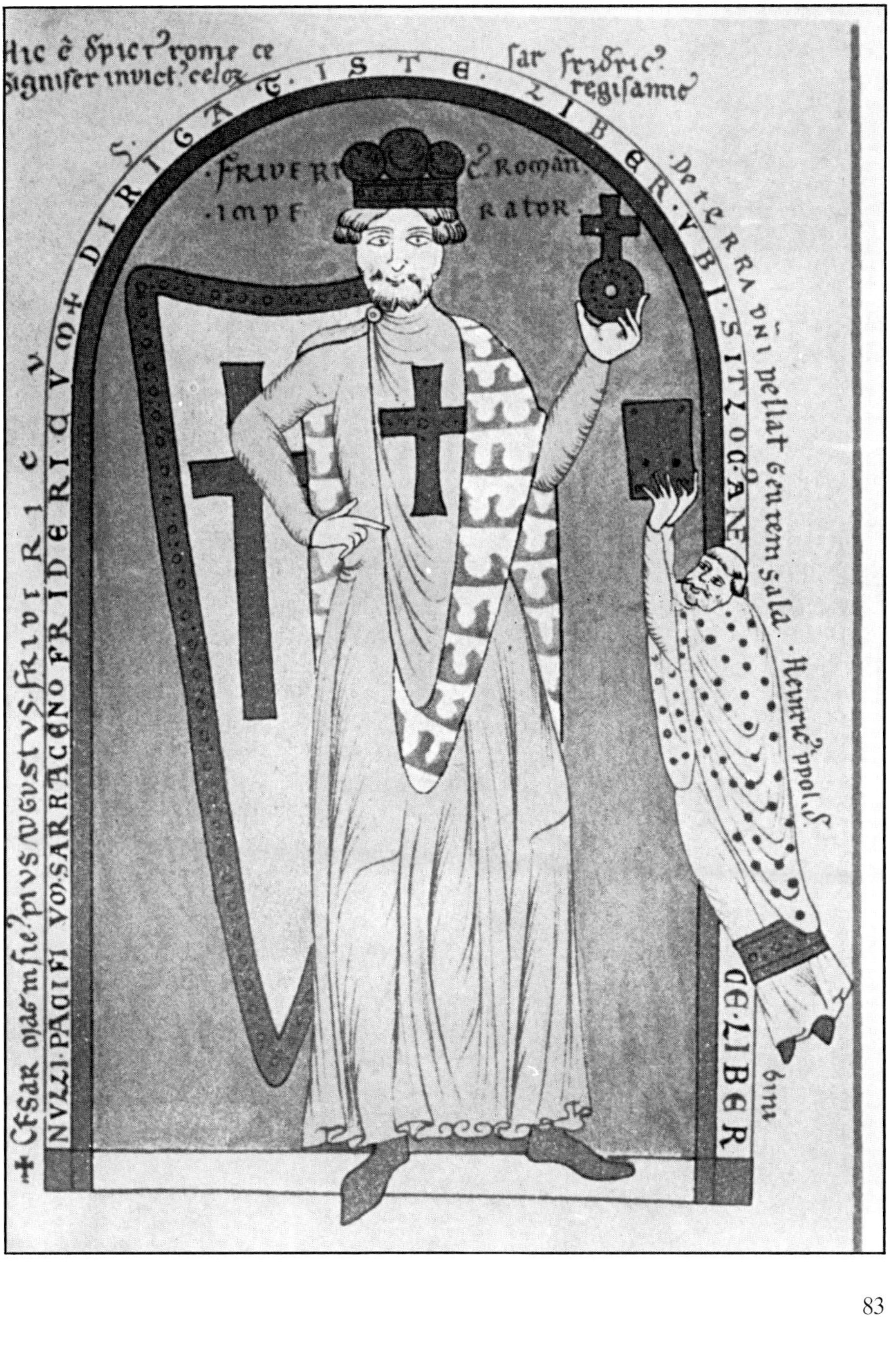

Kaisers und der Fürsten mit Maria von Brabant verlobt. Die Ehe des Paares nahm dann ein tragisches Ende.

Ludwigs II. Schwester Elisabeth wurde 1246 mit Konrad IV., einem Sohn Kaiser Friedrichs II. vermählt. Nach des Kaisers Ableben wurde Konrad König der staufischen Erblande Neapel und Sizilien, für deren Wiederbesitz er kämpfen und sterben sollte. Seiner Ehe mit Elisabeth erwuchs ein Sohn, Konradin. Ein tragisches Schicksal, dem seine behütete Jugend nicht gewachsen war, bereitete ihm einen bitteren Tod.

1253, im Todesjahr Ottos II. des Erlauchten, fand die Schwertleite seiner Söhne Ludwig II., später „der Strenge" genannt, und Heinrich, seines jüngeren Bruders, statt. Die Feierlichkeiten waren bei Ludwig eine nachträgliche zeremonielle Bekräftigung seiner Einführung in das ritterliche Leben, denn seit Jahren war er schon ein erprobter Krieger und Führer.

Otto II. Herzog von Wittelsbach hatte in seiner Treue zum Staufenhause immer auf seiten des Kaisers gestanden. Als nach dessen Tode und dem Tode des rebellischen Kaisersohnes Heinrich VII. der Papst und einige der kirchlichen Fürsten im Jahre 1247 während des Interregnums Wilhelm von Holland auf den Königsthron setzten, geriet Otto in schwere Konflikte. Papst Innocenz IV. ermahnte Ottos Gemahlin Agnes, „ihren Gemahl zum Gehorsam gegen die Kirche und zum Anschluß an König Wilhelm anzuhalten". Dieser schlug in die gleiche Kerbe, als er auf dem in Frankfurt gehaltenen Hoftag befürwortete, „den Herzog Otto II. seiner Anhänglichkeit an die Staufen wegen zu ächten". Otto nahm auch den Bann des Papstes auf sich, denn sein Enkel Konradin, das letzte zarte Reis an dem sterbenden, einstmals so mächtigen Stamme des Staufengeschlechts, war noch eine schwache Hoffnung für die Zukunft. – Otto II. der Erlauchte starb eines plötzlichen Todes im Jahre 1253 am 29. November. Das schaurige Ende des letzten Staufen blieb seinem Bewußtsein erspart. Er verschied im Kreise seiner Familie, während der berühmte Berthold von Regensburg bei ihm weilte, um ihn „zum Gehorsam gegen die Kirche zurückzuführen". – Der Franziskaner Berthold von Regensburg (1210–1272) war der größte Volksprediger des deutschen Mittelalters. Er wanderte durch ganz Mitteleuropa, von Frankreich bis Ungarn.

„Otto II., im Kirchenbann gestorben, erhielt kein christliches Begräbnis. Erst zwölf Jahre später wurde untersucht, ob Otto in seiner letzten Stunde Reue gezeigt habe, und darüber berichtet, damit man gemäß dem Ansuchen der Herzogin Agnes und ihrer Söhne Ludwig und Heinrich eine Entscheidung treffen kann."

(Aus den Regesten der Pfalzgrafen.)

Die Boten weiteren Unheils, das das herzogliche Haus treffen sollte, kündeten sich an, als ein Jahr nach Ottos II. Tode Elisabeths Gatte und Konradins Vater, König Konrad IV., im Kampf um seine Erblande in Italien im Feldlager von Lavello am Sumpffieber starb. Sterbend ernennt er den Papst zum Vormund seines Sohnes Konradin. Doch dieser wurde unter der Obhut seiner Mutter am Hofe seines Oheims Ludwig, der auch sein Vormund wurde, erzogen.

Die Pfalzgrafen blieben nach wie vor auf ihrer Ablehnung gegen eine Königswahl Wilhelms von Holland bestehen. Sie traten gegen ihn auf, „als seien sie Verweser des Reiches, denn nach einem Spruch der Fürsten war der Pfalzgraf bei Rhein von alters her Richter bei Klagen des Kaisers oder Königs gegen einen Fürsten des Reiches". Der Papst und der Erzbischof Gerhard I.

Pfalzgraf Ludwig I., ermordet 1231, und Gemahlin

LUDOVICUS SEVERUS D. BO. XLIX. OB. A. MCCXCIV.
RUDOLPHO
MALE CUNCTA MINISTRAT IMPETUS.
XLIX

von Mainz (1257–59) wollten die Wahl Wilhelms von Holland durchsetzen. Am 28. Juli 1256 schreibt Papst Alexander IV. dem Erzbischof: „Über die Wichtigkeit der Königswahl, macht ihn aufmerksam auf das undankbare Betragen Kaiser Friedrichs II. und seines Geschlechts gegen die Kirche, behauptet, daß Konradin schon wegen seiner Minderjährigkeit nicht gewählt werden könne und erklärt den Erzbischof, und dessen andere Mitwähler, welche diesen wählen oder in seine Wahl einwilligen, für excommunıziert."

(Aus den Regesten
der Erzbischöfe von Mainz.)

Erzbischof Gerhard war ein eifriger Verfechter der Königswahl Wilhelms von Holland. Er war auch zu dessen 1252 erfolgter Vermählung bei den Festlichkeiten anwesend. Nach dem Tode Wilhelms auf dem Schlachtfeld 1256 blieb Gerhard auch weiterhin ein Gegner der Staufen und gab aus der Gefangenschaft, in die er durch den Herzog von Braunschweig geraten war, seine Stimme für die Königswahl des Richard von Cornwallis, der ihn befreite, gegen ein Lösegeld und gegen Abtretung der Burg Geyselnwerder und deren Gebiete. Richard scheffelte einmal wieder pures Gold in seine Tenne, indem er in kluger Voraussicht durch hohe Abgaben noch Höheres gewann: die Königskrone!

„ein jare viel nach wasz vergangen
dasz der biscoff was gefangen,
der mit übergroser kost
mit könig Richarts hülff ward erlöst,
von ihm ward dem von Braunschweig
dem edelen fürsten tugentreich
woll zehen tausent marck
und eine feste gut und starck
der Geyselnwerder."

(Aus den Regesten
der Erzbischöfe von Mainz.)

Hergang und Begründung der Gefangennahme des Erzbischofs Gerhard lauten: 1257 Sachsen I. 88 aus den gleichen Regesten:

„nach gotes geburt tausend jar zweihundert unde sechs und fünfzig jar do wart gevangen der biscoff Gerhart von Menze unde vil ander grafen und edelen lüte zur Bollstete von des herzogen von Brunswig volke, unde furten sie in die stat zu Brunswig. Dornoch korzlichen liz der herzoge von Brunswig den grafen von Eberstein, der da was des biscoffs von menze vetere, an den galgen henge, wan er im vil leides getan."

Als die Pfalzgrafen einsahen, daß ihr Wirken für die Erhebung ihres Neffen Konradin zum König vergeblich war, stimmten sie – auch gegen klingende Münze – für Richard von Cornwallis. Nach Äußerungen des Burggrafen von Nürnberg soll Ludwig zu Beginn des Wahlkampfes von beiden Seiten – also von Wilhelm von Holland und von Richard von Cornwallis – „Handsalbe" genommen haben. In dieser Zeit ließ der Pfalzgraf Ludwig II. sich zu einer unseligen Tat hinreißen, die das Leben der ganzen Familie überschatten sollte. Am 4. Dezember 1256 ließ er – übel beraten – seine ihm zwei Jahre zuvor angetraute Gemahlin Maria von Brabant – er war im Alter von fünf Jahren mit ihr verlobt worden – auf einen bloßen, und wie sich später herausstellte, unbegründeten Verdacht hin hinrichten. Noch 52 Jahre später gelobte sein in dritter und letzter Ehe geborener Sohn Rudolf dem Herzog von Brabant, „zur Sühne des Mordes, den sein Vater an seiner Gemahlin Maria vollbringen ließ, am Grabe der Ermordeten eine ewige Messe und ein ewiges Licht zu stiften, ferner wenn ein Kreuzzug zur Gewinnung des heiligen Grabes oder gegen die Sarazenen stattfindet, vier Ritter mitzusenden, und dem Herzog von Brabant mit 200 Rittern gegen jedermann, ausgenommen das Reich, beizustehen“.

(Aus den Regesten der Pfalzgrafen.)

Als Pfalzgraf Ludwig II., der Strenge genannt, zur geglückten Königswahl Richards von Cornwallis beigetragen hatte, verfeindete er sich mit dem Erzbischof von Trier, der gegen Richard gestimmt hatte und schuf sich mit ihm einen beachtlichen Gegner, besonders was den Rheinzoll betraf. Um seinen getreuen Parteigänger noch fester an sich zu binden, gab Richard seine Nichte Anne dem Pfalzgrafen Ludwig zur Frau. Sie starb 1271 und hinterließ einen Sohn, Ludwig III., der aber schon mit 23 Jahren bei einem Turnier sein Leben verlor. Zwei Jahre vor seinem Tode hatte er seinem Vater, der nun zum dritten Male verheiratet war, gelobt, „alle väterlichen und mütterlichen Güter mit seinen in der Ehe seines Vaters mit der Tochter König Rudolfs von Habsburg erzeugten Stiefgeschwister in gleiche Teile zu teilen“.

(Aus den Regesten der Pfalzgrafen.)

Richard von Cornwallis versprach Ludwig II. ferner, dessen Neffen Konradin mit dem Herzogtum Schwaben zu belehnen und „ihn in den Wiederbesitz seiner großväterlichen und väterlichen Erb- und Lehensgüter in Italien zu bringen“. Beide Versprechen hielt der König nicht. Doch nun ging es Ludwig dem Strengen darum, Konradin zu veranlassen, sich selbst sein Erbe, um dessen Besitz schon sein Vater Konrad IV. gekämpft hatte, wieder zurückzuerobern. Vor seinem Kriegszug nach Italien vermachte der junge Konradin in einem Testament seinen Besitz seinem Oheim Ludwig II., dem Strengen:

„Aus Erkenntlichkeit dafür, daß ihn derselbe mit väterlicher Zuneigung, als wäre er dessen einziger Sohn, erzogen habe, all' sein Erb und Eigen an Land und Leuten, falls er selber ehelos sterben sollte.“

Konradin begab sich nach Italien im kindlichen Vertrauen auf Führung und Beistand seines verehrten Oheims, den Papst Clemens IV. nach dem tragischen Ende des Unternehmens im Jahre 1268 beschuldigte, „er habe seinen Neffen Konradin bei den törichten Versuchen bestärkt und ihn im Stich gelassen“. Der Papst exkommunizierte beide Bayernherzöge, Ludwig sowie seinen Bruder Heinrich, als Helfer Konradins zu dessen Aufbruch nach Italien. Konradin wurde in Italien von seinen Gegnern besiegt, gefangengenommen und – von allen verlassen – öffentlich enthauptet. So starb der letzte Sproß des mächtigen Staufengeschlechts, ein Knabe von 16 Jahren. Während dieser vielfältigen Schicksalsschläge, die die pfalzgräfliche Familie trafen, hatte Ludwig II., der Strenge, seine Residenz nach Heidelberg verlegt. Er weilte aber häufig auf der Burg und hatte ein wachsames Auge auf seine einträgliche Zollstelle bei der Burg Cube, die er im Jahre 1277 käuflich erworben hatte. Die Zollgerechtsame betrieb er maßlos zu seinem Vorteil, die Klagen und oft massiven Drohungen der Geschröpften kümmerten ihn nicht. Sein Sohn Rudolf residierte später wieder auf Staleck.

König Richard von Conrwallis hatte 1272 das Zeitliche gesegnet. Ein Jahr später vermählte sich der nimmermüde Bayernherzog und Pfalzgraf Ludwig der Strenge mit Mathilde – seiner dritten Gemahlin –, der Tochter König Rudolfs von Habsburg. Mit des Königs Regierungsantritt war die Zeit des Interregnums beendet. Die beiden Söhne aus Ludwig II. letzter Ehe waren Rudolf (der Stammler), geb. 1274, und Ludwig, geb. 1286. Ludwig II., der Strenge, starb am 13. Dezember 1293. Sein ältester Sohn Rudolf trat die Erbschaft an, gemeinsam mit seinem Bruder Ludwig. Aber Ludwig war erst ein Knabe von sieben Jahren, und „so führte der mit ihm in Gemeinschaft stehende ältere Rudolf die

Konrad der Junge (Konradin), aus der Manesse-Handschrift

Pflegschaft für ihn. Die erste Urkunde, in welcher Ludwig neben Rudolf als Mitaussteller erscheint, kann als Beginn seiner Mitregierung bezeichnet werden".

(Aus den Regesten der Pfalzgrafen.)

Das war im Jahre 1297.

Ludwig der Strenge hatte vor seinem Tode die von Rudolf von Habsburg zerstörten Raubritterburgen Reichenstein und Sooneck erworben. Er glaubte, sich wegen ihres Wiederaufbaus mit seinem Schwiegervater König Rudolf von Habsburg einigen zu können, doch beide starben über ihren unerquicklichen Verhandlungen, denn Ludwig II. hatte noch nicht einmal ein Recht auf den Besitz der Burgen, da sie Kurmainzer Eigentum waren. Trotzdem bauten seine beiden Söhne Rudolf und Ludwig sie gemeinsam wieder auf, wie schon in der Geschichte der Burg Reichenstein erwähnt wurde.

Zwischen den beiden Brüdern kamen die ersten Uneinigkeiten auf bei den Folgen, die der eigenmächtige Aufbau der Mainzer Burgen nach sich zog. Zur offenen Feindschaft kam es, als Ludwig zum König gewählt werden sollte, und zum endgültigen Bruch, als Rudolf nach heftigem Widerstand, wegen der Königswahl seines Bruders, an den Erzbischof Balduin von Trier auch seine Güter verpfänden mußte. Dabei verlor er auch die Burg Staleck, die er sehr liebte, und von deren Höhe er so oft nicht ohne Besitzerstolz in sein schönes Rheintal hinabgeblickt hatte. Von seinem Bruder Ludwig – der König geworden war – gezwungen, mußte er Deutschland verlassen und zog mit seiner Familie nach Wien, wo er am 13. August 1319 starb. Kein Chronist verzeichnet den Ort, noch die näheren Umstände seines Todes. Ludwig war in späteren Jahren eifrig bemüht, sein unbrüderliches Verhalten gegen Rudolf an dessen Nachkommen wieder gutzumachen, in-

Konradin von Hohenstaufen nimmt Abschied von seiner Familie vor seinem Zug nach Italien

Pfalzgraf Rudolf I., der Stammler † 1319

Kaiser Karl IV. beim Krönungsmahl, bedient durch den Erztruchses, den Pfalzgraf bei Rhein und die Bischöfe

Burg Staleck mit Zisterne

Pfalzgraf Ludwig II. der Baier, römischer Kaiser, 1328–1347

Kaiser Karl IV., sein Sohn Wenzel und Bischöfe

Stammtafel mit Regierungsdaten der Pfalzgrafen seit Konrad von Hohenstaufen

Konrad v. Hohenstaufen (1156–1195)
oo Irmgard

Agnes v. Hohenstaufen
oo Heinrich d. Welfen (1195–1211)

Ludwig I. (1214–1228)
1231 in Kelheim ermordet

Heinrich, Welf d. Jüngere (1211–1214)

Agnes
oo Otto II. d. Erlauchte
(1228–1253)

Elisabeth
oo 1246 König Konrad IV. († 1254)

Konrad v. Hohenstaufen († 1268)
in Italien hingerichtet

Ludwig II. d. Strenge (1253–1293)
oo Maria v. Brabant († 1256) auf Grund falschen Verdachts hingerichtet.

oo 1260 Anna v. Schlesien-Glogau († 1271)
Nichte König Richards v. Cornwallis

oo 1273 Mathilde v. Habsburg
Tochter König Rudolfs v. Habsburg

Ludwig III. († 1290)
bei einem Turnier

Rudolf I. d. Stammler
(1294–1319)
oo Mechthilde v. Nassau
Tochter König Adolfs v. Nassau

Ludwig IV. (1297–1329) Pfalzgraf
zunächst Mitregent
seit 1314 König
seit 1328 Kaiser († 1347)
oo Margareta von Holland
(† 1346)

Adolf, Rudolf
(† 1327) 1329–1353

Ruprecht I.
(1353–1390)

Anna
oo 1349 Kaiser Karl IV. (1347–1378)
auf Burg Staleck

dem er ihnen im berühmten Familienvertrag von 1329 die Pfalzgrafschaft übertrug. Auch nachdem Ludwig der Baier römischer Kaiser (1328–47) war, residierte er in Heidelberg. Doch noch einmal erstrahlte Staleck im festlichen Glanz, als Anna, die Enkelin Rudolfs des Stammlers sich 1349 mit Kaiser Karl IV. (1347–78) aus dem Hause Luxemburg auf der Burg vermählte. Ludwig war zwei Jahre zuvor gestorben, aber bei Karls Kaiserkrönung hatte er als Pfalzgraf bei Rhein das Ehrenamt des Erztruchsesses des Heiligen Römischen Reiches inne. Bei der Krönung „soll er einreiten mit vier silbernen Schüsseln in seinen Händen, deren jede drei Mark silber halten soll, er soll absteigen und die Schüsseln auf die Tafel vor den Herrscher stellen. Bei feierlichem Aufzug des Gekrönten und der Kurfürsten trägt der Pfalzgraf den Reichsapfel". (Aus Mittelrhein und Reich im Zeitalter der Reichsreform.)

Nach der Vermählung des jungen Paares wurde es still auf der Burg, bis ein Seitenzweig der Grafen von Staleck, die mächtigen Grafen von Sponheim-Bacharach, als Lehensnehmer in Staleck einzogen. Ihnen folgten im Verlauf der Zeit Mitglieder der edelsten Geschlechter. Sie alle entfalteten eine unerhörte Pracht auf der Burg, denn die Kaiser aus dem Hause Baierns und höchste Würdenträger des Reiches waren auf ihr zu Gast geladen und Fürstenversammlungen fanden in den weiträumigen, kerzenschimmernden Hallen statt.

Dann war die Zeit des üppigen und schillernden Lebens auf der mächtigen Burg vorbei. Der Orleans'sche Krieg von 1686 bestimmte ihr endgültiges Geschick. Der französische Heerführer befahl, daß auch Burg Staleck „niederzubrennen" sei. Riesige Pulvervorräte, die für den Kriegsfall in den unterirdischen Kellergewölben aufgestapelt lagerten, wurden der Burg zum tödlichen Verhängnis. Das Pulver, vom Feind überall ausgestreut, wurde zur Explosion gebracht. Es folgte ein donnerndes, weit ins Rheintal sichtbares Feuerwerk. Große Felsmassen, vermischt mit Mauerbrocken und lodernden Trümmern, wurden ins Tal auf die unglückliche Stadt Bacharach geschleudert und begruben die Einwohner in einem Inferno von sprühender Glut. Das Schicksal der Burg war besiegelt. Der stolze Turm, 30 m hoch mit seinen vier Meter dicken Mauern, stürzte in sich zusammen. Lodernde Flammen, verbrannter Hausrat und glimmende Balken drückten die Mauern ein und brachten Giebel und Decken zum Absturz.

237 Jahre lag die Stille des Todes über dem geschwärzten Gemäuer, um das sich pflanzliches Leben rankte. Zwei Meter hoher Schutt hielt das Schweigen im Innern der Ruine gefangen.

Es war Burg Staleck aber nicht bestimmt, völlig unterzugehen und der Vergessenheit anheimzufallen. Zwischen den beiden Weltkriegen wurde ein Teil des freigelegten Gemäuers zu einer Jugendherberge ausgebaut. Burg Staleck ist als Ruine immer noch von imposanter Schönheit, und angesichts ihrer Ausmaße bedarf es keiner großen Phantasie, um sich vorzustellen, wie sich einstmals in ihren weiträumigen Hallen glanzvoll ein Stück deutscher Geschichte abgespielt hat.

Der deutsche Jugendherbergsverband renovierte die Burg 1966/67 in großem Umfang und vollendete den Turm. Der Eigentümer ist der Rheinische Verein für Denkmalpflege und Landschaftsschutz. Wer die Burg besichtigen möchte, sollte vorher einen Termin vereinbaren.

Burg Gutenfels – Cube über Kaub

Am schönsten Teil des Rheinstromes liegt das mittelalterliche Städtchen Kaub, eingebettet zwischen Hügeln und Waldhängen des Taunus und Hunsrück. Über ihm auf bewaldeten Felsen steht die stolze Burg Gutenfels, einstmals „Cube“ genannt. Sie war – wie schon erwähnt – die Burg, die in ihren Bemühungen, ihre Delinquenten zahlreich an dem Grenzgalgen in den Wind zu hängen, der nachbarlichen erzbischöflichen Konkurrenz mengenmäßig unterlegen.

Gutenfels oder Cube ist auch die Burg, die trotz der heftigen Stürme, unter denen ihr Schicksal abrollte, für uns – aus so ferner Sicht gesehen – der komischen Situationen nicht entbehrt, wie wir noch erfahren werden.

Wie es bei so mancher rheinischen Burg der Fall ist, weiß auch hier der Chronist nichts von ihrer Herkunft zu berichten. Anläßlich der Belagerung durch den König Wilhelm von Holland – einem der Anwärter auf den Königsthron in der Zeit des Interregnums, – wird erstmalig im Jahre 1252 die Burg urkundlich erwähnt unter dem Namen Cube, gleichnamig dem Orte, den sie zu schützen hatte. Von stattlicher Höhe aus überwachte sie zudem dräuend die Zollstelle am Rhein. Cube war eine widerstandsfähige, gediegene und wehrfeste Burg. Das Geschlecht der Bolanden, das zahlreiche Burgen erbaut hat und von denen schon bei der Beschreibung der Burg Ehrenfels die Rede war, überließ Burg Cube im Jahre 1253 Philipp I. von Falkenstein-Bolanden. Seine und seiner Gemahlin Isengard Trifels schöne Tochter Guda verlor ihr Herz an einen Ritter, den sie bei einem Turnier in Köln erblickt hatte. Nach vielen Monaten stand der unbekannte und heimlich Geliebte eines Tages vor der Burg Cube, um ihr seinen Namen – Richard von Cornwallis – be-

Burg Gutenfels mit Pfalzgrafenstein, 1832

kanntzugeben und zu verkünden, er, ein Engländer, sei eben von den „braven Deutschen“ zu ihrem König gemacht worden. An dieser Mär ist historisch beglaubigt, daß Richard von Cornwallis – dem wir schon mehrmals begegneten – obwohl Engländer, in der Zeit des Interregnums zum König gewählt wurde, immer den Frauen zugetan war und sich schließlich auch in Deutschland in dritter Ehe mit der Tochter Beatrix des deutschen Ritters von Falkenstein – aus dem Hause Bolanden vermählte. Über die Wahl Richards zum König schrieb man damals:

„Er, Richard von Cornwallis, schüttete das Geld vor den Füßen der Fürsten aus, als ob es Wasser sei. Törichtes England, das sich freiwillig so vieler Denare begeben hat, törichte deutsche Fürsten, die ihr vornehmes Recht um Geld verkauft haben.“

Historiker urteilten später anders über diesen König des Interregnums.

Im Jahre 1257, einige Tage nach der Krönung im Dom zu Aachen, belehnte König Richard von Cornwallis den Vater der schönen Guda, Philipp I. von Falkenstein auf Burg Cube, mit dem Kämmereramt. Seine Königin, die am Krönungstage an seiner Seite stand, war seine Gemahlin Sanchia von Savoyen, mit der er in zweiter Ehe verheiratet war. Von der ersten Frau Isabella aus dem Hause Cloucester wurde er geschieden. Sanchia starb schon drei Jahre nach der Königskrönung im Jahre 1260 an einer schweren Krankheit in Abwesenheit ihres bewunderten Gatten. Und was wurde aus Guda und ihrer romantischen Liebe? Ihr Leben ist in einem unbekannten Schicksal verweht. Nur die Phantasie zaubert uns noch ein holdes Mädchenangesicht, das, immer wieder neu belebt, sich tausendfach widerspiegelt, seit rheinische Dichter Mägdelein, Wein und Mondenschein zusammenreimen.

Vier Jahre nach Sanchias Tod verliebte sich König Richard als alternder Mann mit „jugendlichem Feuer“ in die liebliche und zierliche Beatrix, die Nichte des Kölner Erzbischofs Engelbert II. von Falkenburg, der ein Bruder von Richards Vicar, dem wilden Philipp von Hohenfels auf Burg Reichenstein war (s. Burg Ehrenfels u. Reichenstein). Am 26. Juni 1264 fand die Eheschließung statt. Doch das Glück dieser Ehe dauerte nur einige Jahre, denn am 12. Dezember 1272 erlag Richard von Cornwallis in seinem Schloß zu Berkenstede in England einem zweiten Schlaganfall, nachdem der erste ein Jahr zuvor „teilweise seine Glieder gelähmt hatte. Er starb im 64. Jahr seines Alters“ (aus den Regesten der Katzenelnbogen) und wurde im Zisterzienserkloster Hayles in Cornwallis beigesetzt neben seiner Frau Sanchia und seinem ältesten Sohne Heinrich. Die junge Witwe Beatrix nahm das Herz ihres Gatten mit nach Oxford und starb dort in tiefer Zurückgezogenheit zwei Jahre später. – Der Tod seines geliebten und hoffnungsvollen Sohnes Heinrich hatte Richards letzte Lebensjahre verdüstert. Heinrich, der sich wegen eines Kreuzzugunternehmens in Sizilien aufhielt, wurde auf der Heimfahrt, als er in Viterbo betend in einer Kirche kniete, von den verbannten Söhnen eines Feindes seines Vaters hinterrücks erdolcht. Er wurde zwischen den Gräbern zweier Päpste beigesetzt. Sein Herz wurde dem gebrochenen Vater in einer goldenen Vase zugesandt. Sie enthielt die Inschrift: „Ich vermache meinem Vater mein Herz, vom Dolch durchbohrt“.
Richard ließ später den Leichnam nach England überführen und das Herz seines Sohnes in der Westminsterabtei beisetzen. Beatrix, Richards Witwe, ließ auf der Begräbnisstätte ihres Gemahls eine Gedenksäule errichten.

Als Philipp I. von Falkenstein, Herr auf Cube, im Jahre 1271 starb, kam nach Strei-

tigkeiten zwischen seinen Söhnen die Burg samt der Zollstelle an seinen Sohn Philipp II. Dieser aber verkaufte beide 1277 an den Pfalzgrafen Ludwig II. den Strengen bei Rhein auf Burg Staleck. Philipp blieb jedoch als Burgmann auf Cube mit der Verpflichtung, in Notzeiten zur Verteidigung stets anwesend zu sein. Nachdem Ludwig II. Burg und Stadt käuflich erworben hatte, saßen nur noch Mitglieder der angesehensten Ritterfamilien des Rheinlandes als Burgmannen auf Burg Cube. Im Jahre 1278 wurde Wilhelm von Katzenelnbogen Burggraf, der die Rechte des Pfalzgrafen zu verteidigen hatte. Sogar ein späterer König – Graf Adolf von Nassau – war Burgmann auf Cube. Am 5. Mai 1292 wurde er einstimmig zum König gewählt. Doch schon sechs Jahre später fiel er am 2. Juli 1298 in der Schlacht bei Gollheim gegen Albrecht von Oesterreich, dem Sohne König Rudolfs I. von Habsburg.

Der Pfalzgraf Rudolf der Stammler, Sohn des Pfalzgrafen auf Cube, hatte – wie wir wissen – mit seinem Bruder Ludwig gemeinsam und widerrechtlich die von König Rudolf von Habsburg zerstörte Raubritterburg Reichenstein wieder aufgebaut. Er verpfändete gegen den Willen seines Bruders Ludwig 1310 die Burg Cube an seinen Schwager, den Erzbischof von Mainz, Gerlach von Nassau. Dadurch entstanden Streitigkeiten zwischen den Brüdern, die zu offener Feindseligkeit ausarteten, als Rudolf sich weigerte, nachdem Ludwig 1314 König (Ludwig IV.) geworden war – Burg Reichenstein auf des Königs wiederholten Befehl an den Erzbischof von Mainz herauszugeben. Der Bruderzwist nahm für den neun Jahre älteren Rudolf ein verderbliches Ende. Er hatte bei der Doppelkönigswahl 1314 seine Stimme nicht seinem Bruder Ludwig gegeben, sondern dem Habsburger Friedrich dem Schönen. Nach seinem Tode gab Ludwig in einer schönen, versöhnlichen Geste dem Sohne des Verstorbenen, Ruprecht von der Pfalz, die altpfälzischen Güter, die Rudolf im Bruderstreit verloren hatte, wieder zurück, darunter Burg Cube, die Stadt Cube und den Pfalzgrafenstein. Vor seines Bruders Tode hatte sich Ludwig IV. – ein recht streitbarer Recke – häufig auf Burg Cube aufgehalten. Er wurde, nachdem er den Zollturm auf dem Pfalzgrafenstein errichtet hatte, wegen seiner maßlosen Zollforderungen von Papst Johannes XXII. mit dem Bann belegt. Dem Pfalzgrafenstein wird anschließend ein eigenes Kapitel gewidmet.

Im bayerisch-pfälzischen Erbfolgekriege 1503–1507 wurde Burg Cube vom Landgrafen von Hessen sechseinhalb Wochen lang schwer bedrängt, berannt und belagert. Er mußte schließlich mit seinem Heer nach empfindlichen Verlusten unverrichteter Dinge wieder abziehen. Eine eingemeißelte Inschrift am Kurpfälzischen Amtshause in Kaub besagt:

„900 Geschützkugeln aus Stein gehauen und 300 echte gegossene Kugeln sind, von den Hessen verschossen, gefunden worden ohne die, die zerbrochen und verloren sind. Auch sind etliche in dem Rhein versunken.“

Als Anerkennung für die tapferen Verteidiger änderte der derzeitige Pfalzgraf Kurfürst Ludwig der Friedfertige (1508–1544) den Namen der Burg Cube in Burg Gutenfels. Fortan wurde sie so genannt.

Durch die lange und heftige Belagerung hatte die Burg sehr gelitten. Der Kurfürst und Pfalzgraf Ludwig ließ sie unter großen Kosten wieder instand setzen. Zur Erinnerung an diese Begebenheit wurde eine Schiefertafel über dem Eingang des Burggartens – später der „spanische Kirchhof“ genannt – angebracht, versehen mit der Inschrift:

Burg Gutenfels (Cube), Eingang zur Kernburg von Westen

„Anno Domini MCCCCCVIII (1508) wad Gutenfels wieder erbawen durch Pfalzgraf Ludwig mit Trawen."
Diese Gedenktafel ist im Laufe der Zeit abhanden gekommen.

Die Wirren des 30jährigen Krieges brachten Unglück über Burg und Stadt. Vielerlei Kriegsvolk verschiedener Nationalität zog plündernd, brennend und mordend durch das Rheintal. Dem Angriff der Spanier mit ihren verbesserten Schußwaffen war die tapfere Burg Gutenfels nicht mehr gewachsen. Im Jahre 1620 mußte sie sich ergeben. Die Besatzung erhielt „freien Abzug in allen Ehren". Der Kampf war heftig und blutig gewesen, und auch auf seiten der Spanier waren viele Soldaten gefallen. Auf einer Terrasse des Burggartens wurden sie begraben. Die Spanier hielten jahrelang die Burg besetzt – die Gräber mehrten sich. Der Platz wird seitdem der „spanische Kirchhof" genannt. Als im Jahre 1839 dieser Boden für die Anlage eines Weinbergs umgegraben wurde, kamen zahlreiche Skelette zutage.

Am ersten Weihnachtstage des Jahres 1632 wurden die Spanier von den anstürmenden mit den Schweden verbündeten Hessen zur Kapitulation gezwungen. 1635 besetzten die Kaiserlichen die Burg, nachdem sie die vorigen Eroberer herausgeworfen hatten, und 1640 kehrten die Schweden zurück, und immer war ein Blutbad unter der Bevölkerung vorausgegangen. Als endlich der Donner der apokalyptischen Reiter des 30jährigen Krieges verhallt war, wurde Burg Gutenfels wieder notdürftig instand gesetzt. Es wurden darinnen Wohnungen geschaffen für eine neue, recht unkriegerische Besatzung, die nur noch aus Invaliden

Burg Gutenfels (Cube) oberhalb von Kaub

bestand mit einigen Offizieren und ihren Kommandanten. Sie saßen träge auf ihren steinernen Bänken, die im Burghof längs der Mauer angebracht waren, ließen ihre müden Glieder von der Sonne bescheinen und plauderten allabendlich mit den Bürgern und ihren Frauen, die von Kaub heraufkamen, bei einem Humpen Bier. Statt eines Gewehrs schulterten sie fortan den Knotenstock und lagen behaglich ihrer häuslichen Arbeit ob. Ein Völkchen, das in genügsamer Geborgenheit herumwerkelte, auf seinen Lorbeeren ausruhte und die Stadt Kaub bewachte, bis im Jahre 1795 französisches Kriegsgeschrei die kleine Schar aufschreckte, die nach ungestörtem Schlummer einer heldischen Auferstehung so plötzlich nicht mehr gewachsen war. Weit davon entfernt, es dem bekannten alten Schlachtroß gleich zu tun, das beim ersten Trompetengeschmetter die morschen Knochen zusammenreißt, um sich ein letztes Mal in die Schlacht zu stürzen, kapitulierte die Besatzung, noch ehe die erste feindliche Kanone in Sicht war, zudem von der weisen Einsicht erleuchtet, daß den Heldentod zu riskieren auf jeden Fall sinnlos war. Trüben Sinns zogen die Invaliden in die Gefangenschaft, um plötzlich gewahr zu werden, daß die Franzosen aus unerfindlichen Gründen abgezogen waren und sie ihrem Schicksal überlassen hatten. Da kein Feind auf der Burg mehr zu fürchten war, wurde sie ohne Handstreich genommen, und die Invaliden waren glücklich zum heimischen Herd zurückgekehrt. Aber 1803 wurde die Invalidenstation aufgelöst. Die Staaten Hessen-Darmstadt und Nassau-Usingen mußten sich in die Insassen teilen. Wie deren weiteres Schicksal

Burg Gutenfels, Pfalzgrafenstein und Kaub

verlief, ist nicht bekannt. Vielleicht mußte manch einer doch noch einmal in einen Krieg ziehen und als später Held sein Leben beschließen.

Im Jahre 1806 fiel auch Gutenfels. Die Burg wurde auf Befehl Napoleons auf Abbruch verkauft, man sagt, aus Verärgerung, weil er nicht von ihr mit Böllerschüssen begrüßt worden war, als sein Schiff mit der kostbaren Last seiner Person an ihr vorüberglitt.

Vor gänzlichem Verfall wurde die Burg bewahrt. Heute bietet sie, als Hotel benutzt, äußerlich das Bild einer malerischen Ruine. Das Schloßhotel ist im Sommer geöffnet, eine Besichtigung ist nicht möglich.

Der Pfalzgrafenstein

Schweift der Blick von Burg Gutenfels über die Dächer des Städtchens Kaub, bietet sich ihm ein seltsames, pittoreskes Bauwerk dar. Mitten im Rhein erhebt sich der „Pfalzgrafenstein“. Die rheinaufwärts gerichtete Seite hat die Form eines Schiffsbugs, an dem die zu Tale eilenden Wasser sich schäumend brechen und in harten Wintern Eismassen sich stauen, ehe sie an der scharfen Kante des Bugs zerschellen und seitlich abgetrieben werden.

Der Pfalzgraf und Herzog von Baiern Ludwig (1285–1347), der 1314 zum König und 1328 zum deutschen Kaiser gewählt wurde, ist der Gründer des erstaunlichen Bauwerks, das zunächst nur aus einem starken Turm bestanden hatte und so fest auf seinem Felsengrund verankert wurde, daß es, widerstandsfähig gegen alle Naturgewalten, Jahrhunderte überdauert hat. Der fünfeckige Turm, auf einem Felsen in einer Stromenge erbaut, war hervorragend geeignet, dem Pfalzgrafen die Zollabgaben zu sichern. Er war den Erzbischöfen von Mainz, Trier und Köln ein Dorn im Auge, denn manch schöne Fracht, die Rhein, Main und Mosel ihnen zuschaukelten, wurde durch den hohen Zoll empfindlich verteuert. Papst Johannes XXII., verärgert, fühlte sich in seiner irdischen Bedrängnis veranlaßt, den Kurfürsten von Trier aufzufordern, den Turm mit Waffengewalt zu nehmen und zu zerstören. Der Kurfürst lehnte ab, waren ihm doch die schmetternden Hiebe des wehrhaften und beherzten bayerischen Recken allzu gut bekannt, wenn man versuchte, ihm seinen Besitz oder das, was er in seinem Besitz hatte, streitig zu machen. Der Ärger blieb und Ludwig baute seinen Turm aus und sicherte ihn gegen alle Saboteure seiner reichen Einnahmequelle.

Der Turm diente aber nicht nur dem Zoll. Er war nur vermittels einer Leiter erreichbar, über die man vom Schiff aus zu einer einzigen in Mannshöhe angebrachten Pforte gelangen konnte. Der Turm diente dem Pfalzgrafen auch als Gefängnis. In seinen Verliesen hat mancher Unglückliche bei steigender Flut ein langsames, qualvolles Ende gefunden.

Zu Beginn des 15. Jahrhunderts wurde das Bauwerk mit einer sechseckigen Mauer umzogen, die mit einem Wehrgang versehen wurde. An der Innenseite dieser Mauer verlief ein Arkadengang, um zwei Wehrgänge übereinander schaffen zu können. In dem kleinen Innenhof befand sich ein Brunnen, der aus einer Quelle tief unten im Rhein gespeist wurde. In den Galerien waren winzige hölzerne Kammern eingebaut als Aufenthaltsort und Schlafgelegenheit der Besatzung, und über dem soliden Eingangstor, das durch ein Fallgitter mit

Pfalzgrafenstein bei Kaub

hölzerner Winde gesichert war, hauste in einem niedrigen Gelaß der Kommandant der kleinen Schar: ein Korporal mit seiner Familie. Unter pfälzischer Herrschaft bestand die Besatzung aus 20 bis 45 Mann, die ihren Wachdienst versahen und durch Läuten einer Glocke die Vorüberfahrenden an die Entrichtung des Zolls gemahnten.

Wenn auch im 14. Jahrhundert die großen Ritterburgen schon Wohnkultur aufwiesen, ihre Bequemlichkeit hatten und immer reicher ausgestattet wurden, so blieben die kleinen Burgen der Unterlehensträger – der Dienstmannen – unverändert wie im frühen Mittelalter. Räumlich aufs äußerste beschränkt, karg eingerichtet, kalt und durch die schmalen Fenster ungenügend mit Licht und Luft versorgt. Letzere kam bei winterlichem Wetter im Überfluß mit Zug und kalten Winden und verräucherte und verqualmte die dunklen Gelasse. Der Pfalzgrafenstein war noch nicht einmal eine solche Wohnburg.

Er hatte kein Land, keine Bauern, kein Vieh, er war lediglich eine „Kasernenburg" – eine „Wächte", die in den Urkunden von 1310 als „burg uff dem Rhyne" erscheint. Sie blieb eine primitive und ungemütliche Wohnstätte durch die Jahrhunderte.

Im 17. Jahrhundert wurde der „Bug" dieses Bauwerks mit einer Bastion aus starkem Quadermauerwerk versehen, und die Turmspitze erhielt eine wetterfeste Laterne. Es kamen noch hinzu ein vieltürmiger Dachstuhl, Dichtungssicherungen an den schmalen Schießscharten, ein Backofen und – last not least – „das stille Örtchen",

Pfalzgrafenstein, Gesamtansicht

Innenhof des Pfalzgrafenstein

ein kleiner, zierlicher Erkervorbau über der unter ihm eilig dahinströmenden, nie versagenden Wasserspülung.

Nachdem die bescheidene, doch wehrhafte „burg uff dem Rhyne“ in der Mitte des 14. Jahrhunderts durch Verpfändung in Nassau'schen Besitz gelangt war, erhielt sie den tönenden Namen „Pfallenz-Gravenstein“, heute Pfalzgrafenstein oder schlicht „die Pfalz“ genannt.

Sie war wärend der Befreifungskriege Schauplatz eines bedeutenden Ereignisses: Am 1. Januar 1814 ließ Blücher, der „Marschall Vorwärts“ in eisiger Winternacht eine Brücke aus Kähnen über den Rhein schlagen und marschierte mit seiner Armee darüber hinweg dem Siege über Napoleon entgegen.

Die Besichtigung der Pfalzgrafenstein ist ganzjährig außer im Monat Dezember möglich. Am Montag ist die Burg geschlossen.

Die Schönburg über Oberwesel

An der Stelle der heutigen Stadt Oberwesel war im 3. Jahrhundert „Valsovia“ gelegen, einer der Standorte der römischen Heerstraße längs des Rheinufers, mit einem mächtigen Kastell von einiger Bedeutung. Im Jahre 235 hielt sich der sechsundzwanzigjährige römische Kaiser Aurelius Severus Alexander mit seiner Mutter Julia Mammala dort auf. Er war gekommen, um die Grenze gegen die einbrechenden Alemannen zu schützen. Während seiner Verhandlungen mit dem Gegner in Mainz wurden er und seine Mutter von eigenen meuternden Truppen erschlagen.

Im Zuge der Völkerwanderung hatten sich entscheidende Veränderungen an allen Grenzen vollzogen. Aus den kleineren germanischen Stammesverbänden waren Volksbündnisse geworden. Den Alemannen gelang im Jahre 258 ein vernichtender Durchbruch am Oberrhein, der die Römer weit über den Limes zurückwarf. Die Kämpfe mit wechselndem Erfolg tobten weiter, bis sich 401 die römischen Legionen endgültig zurückzogen. 75 Jahre später brach das römische Reich zusammen. Am Rhein herrschten germanische Könige, wie der Burgunderkönig Gundikar – der Gunter aus der Nibelungensage – und später die Franken, die ihre größte Macht unter dem Karolingerkönig Karl dem Großen entfalteten. Nach dem Aussterben der Frankenkönige übernahm das Geschlecht der Sachsen die Königswürde.

Die Ansiedlung auf dem Platze, wo einst das römische Kastell gestanden hatte, erhielt den Namen „Oberwesel“ und wurde von dem Sachsenkaiser Otto III. im Jahre 996 dem Bistum Magdeburg zugesprochen. Durch Tausch kam der Ort 1112 an das Bistum Mainz und 1166 an das Reich zurück. Kaiser Friedrich II. (1212–1255) erhob Oberwesel zur Reichsstadt. Zu dieser Zeit stand die Schönburg schon 200 Jahre, herrlich gelegen auf hohem felsigen Kegel, unweit einer scharfen Krümmung des Rheins. Der Italiener Francesco Petrarca (1304–1374), Humanist und einer der größten Lyriker, reiste 1333 im Auftrag des italienischen Kardinals von Colonna nach Deutschland und besuchte auch den Ober- und Mittelrhein. Seine Worte über dieses Erlebnis waren:

„Wie glücklich sind die Menschen des Rheintales.
Der Fluß reinigt sie von allem Mißgeschick.“

(Aus: Romantischer Rhein.
Hrsg. K. H. Bodensiek.)

Fünfzig Jahre nach dem Normanneneinfall im Jahre 900, nachdem die Talbewohner die verheerenden Folgen des mörderischen Einfalls in das friedliche Rheintal überwunden und ihre zerstörten Heimstätten wieder neu errichtet hatten, wurde die Burg – zu dieser Zeit Magdeburger Besitz – auf der steilen, unzugänglichen Höhe erbaut, sicher vor erneuten Überfällen, und ein Schutz für das Tal. Im Jahre 951 wird zum ersten Male ein Otto von Schönburg erwähnt.

Im Jahre 1166 wurde die Burg – inzwischen wieder Reichsbesitz – den Herren von Schönburg als Lehen übergeben. Bis ins Jahr 1719, als die Familie im Mannesstamm erlosch, blieb die Burg in ihrem Besitz. Dieses Rittergeschlecht war von hervorragender Herkunft. Die Grafen von Schönburg waren Burggrafen und Vögte und übten über die Stadt Oberwesel Befehls- und richterliche Gewalt aus, seit Kaiser Friedrich II. den Ort zur Reichsstadt erklärt hatte.

Die Grafen von Schönburg waren eine selbstbewußte und in sich fest geschlossene Familie, deren Zweige sich im sicheren Schutz einer starken und lebenstüchtigen Dynastie entfalten konnten. Um die Wende des 14. Jahrhunderts wurde die Burg zu einer Ganerbenburg großen Stils. Das heißt: Wenn bei der Erbfolge nicht jeder Nachkomme einen eigenen Sitz erhalten konnte, schlossen sich die Familien zusammen und gründeten mehrere Burgen in einer Burg. Eine jede bestand aus einem Palas (Wohnhaus), einem Wirtschaftsbau, dem Bergfried und einer starken Mauer. Letztere erwies sich als notwendig, denn auch auf dem eigenen Raum innerhalb der Burg wurden oft untereinander blutige Fehden ausgetragen, obwohl unter den zu-

Schönburg über Oberwesel, alter Stich

sammenlebenden Familien Verträge geschlossen wurden, die Verhaltensweise und Benutzung regelten: „Burgfriede". So bot jede Burg in sich mit ihrem ragenden Turm und der hohen Mauer den verschiedenen Familien aus gleichem Geschlecht eine festgefügte Wohnstatt. In der Schönburg stehen heute noch zwei der sechs Bergfriede und ragen trutzig über die mächtige Schildmauer hinweg. Die Burg bot sich kriegerisch genug dar mit ihrem 25 Meter hohen, sechsgeschossigen, unregelmäßigen, quadratischen Torturm und seinen ins Mauerwerk getriebenen Treppenstufen. Anschließend das Wächterhaus mit einem Außentor. Davor die monumentale Schildmauer mit Schießscharten, Wehrgängen und der Zugbrücke über einem künstlich gehauenen tiefen Graben. Um den Innenhof lagen die Wohn- und Wirtschaftsgebäude mit den mächtigen Türmen. Nach dem Rhein zu ist eine Terrasse mit einem herrlichen Ausblick. So bietet sich die Ruine auch heute noch dar, als eine imposante Anlage großartigen Ausmaßes.

Die Grafen von Schönburg waren 1166 unter dem Staufenkaiser Friedrich II. kaiserliche Beamte gewesen. Aber bald schlugen sie sich auf die Seite der Welfen, die mit den Staufen im Streite lagen und zahlten dem Kaiser keine Tribute mehr. Doch als Friedrich zur Belagerung anrückte, ergaben sich die Burggrafen. Sie durften zwar das Lehensrecht behalten, doch die Stadtgewalt wurde den Schönburgs genommen. Nach Kaiser Friedrichs II. Ableben im Jahre 1250 und nach seines Nachfolgers Tode 1254 kam von 1256–1273 die Zeit des Interregnums. 1273 war das Jahr des Regierungsantritts Rudolfs von Habsburg. Nach seinem 1291 erfolgten Tode wurden Könige und Kaiser aus verschiedenen Häusern gewählt. Unter ihnen Heinrich VII. von Luxemburg, der 1308 Kaiser wurde. Er verpfändete die freie Reichsstadt Oberwesel samt der Schönburg seinem Bruder, dem Kurfürsten Erzbischof Balduin von Trier, weil er Geld für seine Kreuzzüge brauchte. Über diesen Handel empörten sich die Bürger der Stadt. Der Erzbischof, ein Mann mit eiserner Faust und hartem Herzen, erstickte den Aufstand im Keime.

Erzbischof Balduin von Trier (1285–1354) entstammte dem Hause der Grafen von Luxemburg. Er war der modernste Fürst seiner Zeit. Im Burgbau war seine Technik die vorbildlichste. Er erwarb über 100 Burgen, für seine Amtssitze und als militärische Stützpunkte in seinen kurfürstlichen Gebieten. Sein Wort hatte große Bedeutung in der Politik. Er war ein unermüdlicher Verfechter des Reichsrechts gegen das Papsttum. Beim Zusammentreffen der vier weltlichen und der drei kirchlichen Fürsten zu Rhens am Rhein im Jahre 1383 wurde endgültig beschlossen, daß die Kurfürsten, ohne daß es einer Anerkennung durch den Papst bedurfte, den deutschen König wählen konnten, der zugleich dann auch römischer Kaiser wurde.

Der Widerwille gegen das Trierer Joch schwelte weiter und brach 1389 zur hell lodernden Flamme offener Empörung aus. Die Stadt Oberwesel befreite sich von der unerträglichen Trierer Herrschaft und wählte eine eigene Obrigkeit. Durch List überrumpelte die Bürgerschaft die trierfreundliche Schönburg und besetzte sie. Die Eindringlinge räumten die Burg aber wieder nach Balduins Herrschaft gegenüber dem Erzbischof Werner von Falkenstein, einem Neffen des legendären Kuno von Falkenstein, aus Furcht vor den neuen Kriegswaffen, die die Angreifer mit sich führten. Die Schönburger, die dem Trierer immer die Treue gehalten hatten, konnten endlich wieder auf ihrer Stammburg einziehen. Einen erneuten Aufruhr der Bevölkerung verhinderten sie, indem die Grafen eine zweite Burg, die Niederburg, bauten, den Bürgern ein ständiger Pfahl im Fleische

Gestühlswange, Erzbischof Balduin 1285–1354, Trier

Ritter Ludwig von Ottenstein und seine Gemahlin Elisabeth von Schwarzenburg † 1520, Liebfrauenkirche Oberwesel

Friedrich von Schönburg 1616–1689, (Herzog von Schomberg) gefallen 1689 in Irland

nach Dahll.

Friedrich Herzog von Schomberg.

FREDERICK DUKE OF SCHOMBERG.

Graf Friedrich von Schönburg † 1550, Grabmal in der Liebefrauenkirche, Oberwesel

Johannes von Schönburg, † 1605 auf einem Kreuzritt, Liebfrauenkirche, Oberwesel

und eine untrügliche Mahnung an die Unbezwingbarkeit des Schönburger Geschlechts.

Im Jahre 1632 wurde die Schönburg von Spaniern besetzt, 1639 von den Schweden gestürmt und 1646 von den Franzosen belagert. Schlimme Zeiten hatten begonnen und führten mit einem neuerlichen Einfall der Franzosen 1689 das Ende der monumentalen, sechstürmigen Burg herbei. Die französische Soldateska hauste barbarisch und erbarmungslos in Oberwesel. Nachdem sie ihre Brutalität an der Bevölkerung ausgetobt und die Stadt geplündert hatte, stürmte sie die Schönburg, die schon im Verlaufe der zahlreichen Kämpfe schwer gelitten hatte. Die Franzosen zerschossen das Tor, sprengten Mauern und Türme, zerstörten die weitläufigen Gewölbe und Keller, und nachdem sie noch die schöne Brücke hinter sich zum Absturz gebracht hatten, zogen sie ab, weiteren Zerstörungswerken entgegen.

Von dem selbstsicheren, ruhelosen, aber auch frommen Geschlecht der von Schönburg, das diese noch als Ruine imponierend das Landschaftsbild beherrschende Burg bewohnt hatte, war das vielleicht erstaunlichste Mitglied der 1616 geborene Friedrich von Schönburg. Seine Kindheit und Jugend verlebte er auf der Burg. Sein weiteres Leben bis ins hohe Alter wurde ein atemberaubendes, buntschillerndes Abenteuer. Nachdem er der Waffengefährte Heinrichs von Oranien gewesen war, wurde er Marschall von Frankreich. Für das Königshaus von Portugal kämpfte er um dessen Anerkennung gegen Spanien. Nach Frankreich zurückgekehrt, mußte er wegen der seit fast einem Jahrhundert immer wieder aufflackernden Hugenottenverfolgungen fliehen. Er ging nach Deutschland, wurde Kriegsminister und oberster Befehlshaber der brandenburgischen Armee. Sein rastloses Abenteurerblut folgte dem Ruf Englands, wo er, wieder mit seinem alten Waffengefährten Wilhelm von Oranien vereint, mit seinen außergewöhnlichen strategischen Fähigkeiten in Irland glänzende Siege für England errang. Der König von England ernannte ihn seiner bedeutenden Erfolge wegen zum „Duke (Herzog) of Schomberg". Dieser ruhmreiche Siegeszug in Irland war sein letztes Unternehmen und brachte ihm den ehrenvollen Abschluß seines heldischen Lebens. Von allen Ländern, denen er gedient hatte, mit höchsten Orden ausgezeichnet, fiel er im Jahre 1689 als Oberbefehlshaber der englischen Streitkräfte, dreiundsiebzigjährig, in der Schlacht am Boynefluß in Irland.

Im Jahre 1719 erlosch das Geschlecht der Grafen von Schönburg im Mannesstamm. Ein Sohn Friedrichs von Schomburg hat ein Grabmal in der Westminster Abtei in London. Einige Mitglieder der Familie haben ihre Ruhestätte in der Liebfrauenkirche zu Füßen ihrer Burg gefunden. Dort steht die hochgotische Grabplatte aus dem Jahre 1378 für den Ritter Johannes von Smydeberg von Schönburg und seine Gemahlin Gertrude von Waldeck.

Einen schönen Beweis der Kindesliebe bietet auf einem anderen Grabmal eine Inschrift, die die Söhne ihrem Vater im Jahre 1550 widmeten.

„Dem edlen, durch außergewöhnliche Klugheit und Seelengröße ausgezeichneten Friedrich von Schönburg haben seine Söhne Friedrich und Meinhard aus kindlicher Liebe dieses Denkmal gesetzt."

(Übersetzung aus dem Lateinischen.)

Die Inschrift eines Epitaphs aus dem Jahre 1605 läßt uns einen jungen Johannes von Schönburg wieder gegenwärtig werden, der als Kreuzfahrer in der tiefen, vertrauenden Frömmigkeit seines 27jährigen Daseins dieses junge Leben für seinen Glauben hingab:

„Christus ist mein Leben, der Tod Gewinn, alles übrige ist Spiel, denn es wird mir gestattet, zum höchsten Throne des Herrn zu gelangen."

Die Grafen von Schönburg waren wilden, kämpferischen Blutes, aber auch starke und zuverlässige Hüter ihres Hauses. Sie mögen den Teufel geritten oder Gott gesucht haben – was sie auch waren, sie haben fast ein Jahrtausend die Tradition ihres Geschlechts bewahrt und das Banner ihrer Familienehre hochgehalten. Seit Schicksalsstürme sie in alle Welt zerstreuten, kommt auch heute noch aus dieser reichverzweigten Familie immer einer einmal wieder von weither zurück zum Hause seiner Väter: der Schönburg.

Es war ein Graf von Degenfeld mit großem Besitz in Bacharach, der die Erbtochter des 1719 verstorbenen letzten Herrn auf Schönburg heiratete. Er vereinigte beide Wappen, und die Familie nannte sich seitdem: Grafen von Degenfeld-Schomberg. Letzteres nach dem berühmten Vorfahren Friedrich von Schönburg, ernannt zum „Duke of Schomberg".

Bei Ausbruch der Französischen Revolution mußten die Grafen ihre Güter veräußern. Die Ruine ist heute Besitz der Stadt Oberwesel. Sie ist im Baustil und ihren Ausmaßen sehenswert. Ein kleines reizvolles Hotel in ihren Mauern lädt gastlich zur Einkehr. Sie ist zugleich internationale Begegnungsstätte der Jugend. Die Burg kann täglich besichtigt werden.

Burg Rheinfels

Die Geschichte der Burg Rheinfels ist eng verknüpft mit den Grafen von Katzenelnbogen, die in einer Urkunde König Konrads III. im Jahre 1138 erstmalig als „Grafen" erwähnt werden. Schon in der Zeit der Karolinger gehörten ihre Vorfahren zu den edelfreien Geschlechtern.

Um das Jahr 1095 begann Heinrich I., Sohn Diethers von St. Goar, der Vogt von Prüm war, mit dem Bau der östlich des Rheins gelegenen Burg Katzenelnbogen, die seitdem für dieses Geschlecht namengebend ist.

In einer Urkunde des Erzbischofs Friedrich von Köln aus dem Jahre 1102, anläßlich einer Schenkung der Witwe Heinrichs, Luitgard von Hengebach, zum Seelenheil ihres verstorbenen Gemahls, erscheint erstmalig der Name „de Catzenelenboge". Die Katzenelnbogen standen in enger Verbindung mit den Staufen, die den Grafen Philipp von Katzenelnbogen 1141 als Bischof von Osnabrück und Hermann von Katzenelnbogen 1174 als Bischof zu Münster einsetzten. Hermann war zudem Diplomat des Kaisers Friedrich I. Barbarossa und 1189 in Konstantinopel Gesandter beim Kaiser Isaak Angelos, um den dritten Kreuzzug vorzubereiten. Hermanns Bruder Diether († 1191) war Kanzler bei Heinrich VI., dem Sohne Barbarossas.

Im Jahre 1138 erhob Konrad III. Heinrich II. von Katzenelnbogen (1124–60) in den Grafenstand. Dieser legte mit dem Ankauf von Dörfern den Grundstein zu Macht und Reichtum seines Hauses. Heinrich II. war vermählt mit Hildegard von Henneberg, mit der er fünf Söhne und eine Tochter hatte. Sein Sohn Berthold I. († 1179) war vermählt mit Adelheid von Lauffen. Von den fünf Söhnen wurde Berthold II. Haupt der Familie. Er war vital, abenteuerlustig und geschäftstüchtig. Bevor er sich im Jahre 1202, neunzehnjährig in Venedig zur Teilnahme an einem Kreuzzug ins Heilige Land einschiffte, nahm er noch an der Belagerung von Zara in Dalmatien teil. Der Kreuzzug war in Anbetracht seiner weiteren Unternehmungen für ihn wohl weniger eine Glaubensangelegenheit, vielmehr trieb ihn neben seiner Abenteuerlust der Wunsch an, seinen verehrten Oheim Hermann von Katzenelnbogen zu befreien, der, von Kaiser Friedrich I. als Gesandter nach Konstantinopel geschickt, von den Ungläubigen eingekerkert worden war. Im Jahr 1204 nahm Graf Berthold an der Erstürmung von Konstantinopel teil. Er erwarb bald im thessalischen Hochland ansehnliche Ländereien mit dem Herrensitz Velestino und war in Konstantinopel als Diplomat tätig, führte ein Ritterleben großen Stils mit vielen Freuden und wenig Sehnsucht nach der engen, alten Heimat. Doch kam es 1210 dem Papst Innozenz III. im fernen Rom zu Ohren, daß sich sein Diplomat in Konstantinopel der Witwe des Markgrafen von Montferrat, der im Gebirge von Rodope von Bulgaren erschlagen worden war, genähert und verschiedener Besitzungen der Sophienkirche bemächtigt habe. Er drohte dem Grafen, wenn dieser das Kirchengut nicht herausgäbe, harte Kirchenstrafen an. Aus den ausführlichen Regesten der Grafen von Katzenelnbogen geht nicht hervor, ob die Drohung des Papstes Erfolg hatte. Zudem starb der unbändige Graf Berthold ein Jahr später.

Graf Berthold II. hatte zwei Söhne: Heinrich († 1245), der sich nach ihrer Geschlechterburg im Taunus „von Hohenstein" genannt hatte, und Diether IV., der als Kreuzritter an den Kämpfen in Ägypten teilnahm und an einer der wichtigsten Stellen der eingebrachten, erweiterten und gekauften Gebiete am Mittelrhein, die Burg Rheinfels erbaute. Im gleichen Jahr starb er. Diether IV. führte außerdem in St. Goar – am Fuße der Burg Rheinfels gelegen – einen Zoll für die Rheinschiffahrt ein,

Burg Rheinfels über St. Goar

Erste Burg der Grafen von Katzenelnbogen

Burg Rheinfels, Rheinseite

der sich in der Zukunft als Quelle des Reichtums für die Familie der Grafen von Katzenelnbogen erweisen sollte. In einer Urkunde von 1219 wird nämlich erwähnt, daß er „vor Antritt seines Kreuzzugs in Gemeinschaft mit seiner Gemahlin Hildegardis das im Jahre 1131 gegründete Kloster Eberbach von der Zollentrichtung in St. Goar befreite".

Sein Sohn Dieter V. vollendete die Burg Rheinfels. Das Geschlecht der Grafen von Katzenelnbogen, dem Ländereien und Dörfer auf beiden Seiten des Rheines gehörten, war neben den Kurfürsten von Mainz, Köln und Trier sowie der Pfalz das mächtigste und einflußreichste. Der linksrheinische Ort St. Goar, 115 m unterhalb der Burg gelegen, wurde stark befestigt, in trüber Erinnerung an das Jahr 1202, als Graf Berthold I. von Katzenelnbogen sich auf den Kreuzzug begab und Werner von Bolanden seine Abwesenheit benutzte, in St. Goar einfiel und die dortige Kirche mit ihrem Kloster niederbrannte, danach aber plötzlich die Belagerung abbrach und auch das Kreuz nahm. Dieser unerklärliche Sinneswandel des Bolanden bewahrte St. Goar vor einem unheilvollen Geschick.

Der Abt Philipp von Otterburg aus der Zisterzienserabtei unweit des Ortes Bolanden erhielt einen Bericht von dem „wunderbaren Geschehen„, den ein Mönch namens Cäsarius von Heisterbach niedergeschrieben hatte: Die Landleute hätten sich von dem anrückenden Heer Werners von Bolanden in die feste Kapelle des heiligen Goar geflüchtet und hätten in dem Fenster des Gotteshauses ein hölzernes Kruzifix aufgerichtet in der Hoffnung, der Feind würde aus Ehrfurcht vor dem Kreuz die Kapelle verschonen. Doch ein feindlicher Bogenschütze habe angelegt und mit dem Pfeil eine tiefe Wunde im Arm des Gekreuzigten verursacht. Plötzlich habe die Wunde geblutet, als wäre die Ader eines Lebenden verletzt worden. Bei diesem Anblick habe sich Werner von Bolanden erschüttert das Kreuz angeheftet und sei mit seinem Heere abgezogen.

Den Grafen von Katzenelnbogen gehörte nicht nur das linksrheinische Land um St. Goar. Durch Heirat mit Irmingard von Isenburg erwarb Graf Wilhelm I. von Katzenbelnbogen († 1331), der Sohn Graf Diethers V., des Vollenders der Burg Rheinfels, auch das rechtsrheinisch gelegene St. Goarshausen mit umliegenden Ländereien. Zum Schutze dieses ausgedehnten Gebietes erbaute er landeinwärts die prachtvolle Burg Reichenberg.

Seit ihrer Errichtung war Burg Rheinfels eine mächtige und bedeutende Residenz der Grafen von Katzenelnbogen gewesen, ein großzügiger Verwaltungssitz, geistiger und politischer Mittelpunkt höfischen Lebens und wegen ihrer günstigen Lage eine gefürchtete Zollstelle. Der Ort St. Goar war einziger Umschlagplatz für Schiffe, die ihre Waren auf den Landweg verladen mußten, ehe die Felsenriffe und gefährlichen Stromschnellen, die den Rhein unbefahrbar machten, entfernt wurden. Entlang der schmalen Uferstreifen drängten sich Häuser und Stiftskirche (1308 erbaut) eng aneinander, überragt von den wuchtigen Mauern der Befestigungswerke. Doch noch höher gelegen als diese, strebte Burg Rheinfels mächtig und gebietend empor. An dieser Stelle bietet der sich schlängelnde Rhein, unweit des vorspringenden, sagenumwobenen Felsen der Lorelei, mit seinen Weinbergen, bewaldeten Hängen und seinen stolzen Ruinen einen bezaubernden Anblick.

St. Goar ist eine uralte Stadt. Unser Wissen um diesen Ort reicht zurück in die nebelhaften Anfänge unserer Geschichte. Tief unter den Fundamenten der im 15. Jahrhundert errichteten Festungsmauern wur-

Diether IV., Graf von Katzenelnbogen 1219–1245, Erbauer von Rheinfels

den römische Baureste entdeckt. Doch noch viel weiter zurück, aus grauer Vorzeit, hat man eine Säule ausgegraben, fast zwei Meter hoch! Ihr roh aus dem vierseitigen Stein gehauener einziger Schmuck ist ein Blattornament und ein großer, bärtiger Menschenkopf. Herkunft und Bedeutung dieses seltsamen Werkes sind noch ungeklärt. –

Der Eremit St. Goar, nach dem der Ort seinen Namen erhielt, hat hier als erster das Christentum keltischen Ansiedlern verkündet. Aus den Biographien eines Unbekannten, die der Prümer Mönch Wandalberg 839 überarbeitet hat, geht hervor, daß der heilige Goar (511–558) aus Aquitanien gebürtig – sich in der Gemarkung von Oberwesel am Wocherbach niedergelassen hatte, dort mit Erlaubnis des Trierer Erzbischofs Felisius eine Kapelle erbaute und darin viele Reliquien zur Schau stellte. Er diente dem Herrn mit ganzer Inbrunst und aufrichtigem, reinen Herzen, bekehrte die Heiden, vollbrachte Wunder und half den Armen und Leidenden. Der Ruf seiner Heiligkeit breitete sich weit aus, und von nah und fern strömten die Gläubigen herbei. Auch nach seinem Tode blieb die Kapelle des heiligen Goar Jahrhunderte lang Wegziel historischer Persönlichkeiten. In der Kapelle des St. Goar trafen sich im Jahre 794 die untereinander verfeindeten Söhne Karl des Großen, um ausgesöhnt, in Bruderliebe vereint, die Kapelle wieder zu verlassen. Ihre Mutter, die Königin Fastrada, soll dort durch Wundereinwirkung von ihrem unaufhörlichen, unerträglichen Zahnschmerz befreit worden sein. Kaiser Ludwig der Fromme weilte betend an die-

Stammburg der Katzenelnbogen

sem Ort; auch der unglückliche König Heinrich IV., dem freilich das Wunder die helfende Kraft versagte, denn es kam zu keiner Versöhnung mit seinem treulosen Sohn Heinrich V.

Als das Todesjahr des heiligen Goar wird nach den geschichtlichen Ereignissen 558 angenommen, obgleich auf einem Stein an der Stiftskirche von St. Goar die Inschrift (verdeutscht) zu lesen ist: „der heilige Goar, ein gallischer Mönch, starb 611".

Die gewaltige Burg Rheinfels oberhalb von St. Goar bot einen starken Schutz für Stadt und Land. Die Grafen von Katzenelnbogen, familienstolz, selbstherrlich, rücksichtslos und machthungrig mit einigen Ausnahmen, brachten durch ihre willkürlichen und maßlosen Zollerhebungen den ganzen Schiffsverkehr und Handel in arge Bedrängnis. Sie forderten den Zorn der Geschädigten heraus. Graf Diether V. von Katzenelnbogen ließ sich 1260 zum „Edelbürger der Stadt Köln" ernennen. Dadurch

Reichenberg, Ostseite nach Dilich

war es ihm möglich, seinen Rivalen das Rheinwasser abzugraben, indem er nun bestimmen konnte, wem er auf dem Wasserweg Geleitschutz geben wollte und wem nicht. Damit kam er dem Erzbischof von Trier in die Quere und erhielt von diesem einen recht unduldsamen und um sein irdisch' Gut sehr besorgten Beschwerdebrief, weil die Kölner nicht mehr von ihm, sondern von dem neuen Edelbürger Geleitschutz erbaten, was dem gefüllten Säckel des hohen Herrn sehr abträglich war, während der des von Katzenelnbogen immer praller wurde und die Sympathien der geprellten Seite merklich zusammenschrumpften.

Jedoch als Landesherren waren die Grafen von Katzenelnbogen leutselig und hilfsbereit. In den „Regesten" kann man häufig lesen, daß sie anhängliche Bürger, getreue Gefolgsmänner und die Klöster ihres Bereiches von allen Zollabgaben befreiten:

„Sie sind von allen Zollabgaben befreit, sei es, daß sie stromaufwärts oder abwärts mit Schiffen fahren oder mit Wagen zu Lande kommen, vorausgesetzt, daß sie keine fremden Kaufmannswaren mit sich führen. Für das ihrige haben sie
freie Durchfahrt und keine Erben des Grafen sollen sie deshalb belästigen."

Doch ihre Rivalen schröpften sie weiter mit hohen Forderungen und machten das ganze Rheintal rebellisch. Im Jahre 1254 war Graf Diether V. dem rheinischen Landfriedensbund beigetreten. Schon im folgenden Jahr verletzte er ihn – eigenwillig wie er war – den Mainzer Bürgern gegenüber. Daraufhin belagerte der Bund, aus sechsundzwanzig Städten bestehend, mit 8000 Fußknechten, 1000 Reitern und 50 sie unterstützenden Schiffen 1259 die Burg Rheinfels ein Jahr und 14 Wochen. Dieses Unternehmen kostete allein die Wormser Bürger eine in damaliger Währung horrende Summe. Graf Diether befehligte seine Mannen selbst. Er war ein ausgezeichneter Bogenschütze und ein tapferer Mitkämpfer. Trotz vierzigmaligem Versuch, die Burg zu stürmen, konnte der Bund nichts ausrichten. Er mußte „mit Schimpf und Schande" vor der Tapferkeit der Burgbesatzung unverrichteter Dinge abziehen. Die wehrfeste Burg Rheinfels erhielt den Ruf der Unbezwinglichkeit, und der umkämpfte Zoll blieb nach wie vor fest in der Hand der Grafen von Katzenelnbogen, was sie zum Teil dem Beistand des Königs Richard von Cornwallis zu danken hatten, der es wie kein anderer verstand, mit „Handsalben" seine Vorteile zu wahren. Er stand dem Grafen Diether V. bei, weil dieser sich gegen 700 Mark für wertvolle Dienste bei ihm verpflichtet hatte. Eine Hand wäscht die andere.

Graf Diether V. war hitzig, streitsüchtig und angriffslustig wie ein gereizter Terrier und ließ nicht gern eine Gelegenheit vorübergehen, bei der er Unruhe stiften konnte, und es ist noch nicht einmal erwiesen, ob er dies aus Überzeugung zur Sache tat. So kann man in den Regesten der Grafen aus dem Jahre 1258 lesen: „König Richard erklärt, daß von seiner Seite aus dem Grafen von Diether von Katzenelnbogen dafür, daß er den Erzbischof Gerhard von Mainz gefangengenommen hat, keine Nachteile oder Beschwerden zugefügt werden sollen." Man fürchtete allerorten Diethers Zorn. Die von Katzenelnbogen verstanden es trefflich, sich bei Streitereien auf die stärkere und autoritäre Seite zu schlagen und untermauerten ihr gutes Einvernehmen durch Schenkungen und großzügige Geldunterstützung in Notfällen. Doch auch das Wohlwollen ihrer nächsten Nachbarn war ihnen wichtig. Im Jahre 1273 schlossen die Brüder Diether V. und Eberhard I. († 1311) – die sich in der Herrschaft teilten – sowie des ersteren Gemahlin Margarethe von Jülich ein Schutz- und Freund-

Diether V., Graf von Katzenelnbogen † 1276

schaftsbündnis mit Bürgern und Gemeinde Oberwesel (Vesalia), „wonach sie denselben ihre Hilfe gegen Jedermann, außer dem römischen Kaiser und Könige und die Ritter von Schönburg versprachen, wie dieselben auch von der Zollentrichtung zu St. Goar, welche den Rhein abwärts verführt werden, befreien".

Ganz anders geartet als Diether war sein jüngerer Bruder Eberhard I., der mit Elisabeth von Eppstein vermählt war. Der weitere Aufstieg des Hauses Katzenelnbogen war seiner Umsicht und Klugheit zu verdanken. Während Diether die Schwäche des Reichs in der Zeit des Interregnums weitgehendst für sich ausnutzte in manchmal recht zwielichtigen Unternehmungen, war Eberhard eine prägnante Persönlichkeit und ein fähiger Politiker. Erfolgreich und in seiner Treue nie wankend, diente er drei Königen: König Rudolf von Habsburg, Adolf von Nassau und Albrecht von Oesterreich. Er war Rudolf von Habsburgs engster Vertrauter bis zu dessen Tode und allen dreien eine unentbehrliche, zuverlässige Stütze. Eberhard von Katzenelnbogen war ein so weitblickender Politiker, daß er manches Gebiet, das er von einem der drei Könige erworben hatte, an den anderen wieder abgab, was für ihn oft ein großes Opfer bedeutete, aber am Ende seine Früchte trug. Auch außenpolitisch erzielte seine weltmännische, erfahrene und überlegene Verhandlungsweise erfreuliche Ergebnisse. Kurzum, Graf Eberhard I. war ein Fels in der Brandung einer wirren Zeit. Seine eigenen territorialen Erfolge waren bedeutend. 1283 kaufte er Burg, Zoll und Stadt Braubach von den Herren von Eppstein und bekam 1301 ein Bergbauprivileg von König Albrecht auf Braubacher Gebiet.

Burg Rheinfels war im Laufe der Zeit immer weitläufiger und prächtiger ausgebaut worden. Die Erfindung des Schießpulvers in der ersten Hälfte des 14. Jahrhunderts erforderte eine völlige Umgestaltung der Kriegführung und die Veränderung der Verteidigungstaktik der Burgen. Auch darin wurde den Erfordernissen nachgekommen. Kanonen wurden gegossen und zur Verteidigung aufgestellt. Mit der Zeit gehend, residierten die Grafen von Katzenelnbogen am Rhein in einem Machtbereich, der sich auf die Nachbarländer, ja im Süden bis in die Gegend von Stuttgart erstreckte. Unter ihren Familienmitgliedern waren Kreuzfahrer, Abenteurer, harte Kaufherren und hervorragende Politiker und große Förderer von Kunst und Wissenschaft, die in ihrer Großartigkeit mäcenische Züge trugen. Sie hatten, seit sie ins Licht der Geschichte gerückt waren, Einfluß auf die Politik, Wirtschaft und Finanzgestaltung des Reichs und waren von hohem geistigen Format. Ihr Lehensstaat umfaßte 350 Adelsfamilien, zahlreiche Dörfer und Leibeigene.

Ihr Reichtum und ihre Burgen sicherten ihre Hausmacht. Die Grafen von Katzenelnbogen waren absolute Herren ihrer Zeit. Ihre Lehensritter mußten ihnen mit Gut und Blut dienen, ihre bäuerlichen Untertanen waren ihnen durch Generationen leibeigen.

In den Regesten der Grafen von Katzenelnbogen ist zu lesen:

„Graf Heinrich von Weilnau und seine Gemahlin Mathilde geben ihre Zustimmung zur Ehe zwischen Konrad Faber und Gertrud Gossemere. Diese brauchen weder dem Grafen H. von Weilnau noch dem edlen Grafen Diether von Katzenelnbogen beim Tode eines Ehegatten eine Abgabe zu leisten, doch sollen ihre Kinder beiderlei Geschlechts ihm und Graf Diether von Katzenelnbogen zur Hälfte gehören. Bleiben die genannten Eheleute jedoch ohne

Grabmal Eberhard I. von Katzenelnbogen † 1311, Kloster Eberbach

Nachkommen, dann behält ein jeder der beiden Herren sein Recht an ihnen."

Weiter heißt es:

„Graf Adolf von Nassau und Graf Eberhard I. von Katzenelnbogen schließen folgenden Tausch: Graf Adolf gibt seine Hörige Adelheid mit allen ihren künftigen Erben an Graf Eberhard von Katzenelnbogen und erhält von diesem dafür dessen Hörige Hebel und deren Nachkommen."

Natürlich kann man die Grafen für die herrschenden Zustände nicht verantwortlich machen, denn die Leibeigenschaft entsprach den sozialen Auffassungen jener Zeit, die sich aus den ökonomischen Bedürfnissen und Gegebenheiten entwickelte und von niemand in Frage gestellt wurde. Auch die Lehensritter waren nicht frei. Vielmehr waren sie zur Treue und zum ritterlichen Kriegsdienst als Gegenleistung für geliehenes Gut verpflichtet. Im Gegensatz zu den Bauern waren die Ritter aber gesellschaftlich den Lehensherren gleichgestellt. Der ritterliche Ehrenkodex galt für Lehensherrn und Lehensträger. Der Rittersmann konnte sich also auch gegenüber dem Großen ganz anders wehren als der Hörige. Im Falle eines Unrechts, das ihm der Lehensherr zugefügt hatte, fand er letzten Endes sogar Gehör beim König, wie etwa die von König Rupprecht unterzeichnete Urkunde im Streite des Ritters Heilmann von Bellersheim gegen seinen Lehensgeber, den Grafen von Katzenelnbogen, beweist, in der dem Ritter gegenüber dem Grafen Recht gegeben und verordnet wurde:

„Alle Feindseligkeiten sollen beigelegt und gesühnt sein. Der Graf soll Heilmann die Korngülte ausrichten und auch alle Rückstände begleichen. Heilmann soll lebenslänglicher Burgmann des Grafen bleiben. Außerdem soll Heilmann von Bellersheim, Ritter, in allen Gütern, die er im Gebiete des Grafen hat, genau so ruhig sitzen bleiben wie unter den Altvorderen des Grafen." –

Als Mäzene und Kunstsammler waren die von Katzenelnbogen schon im 13. Jahrhundert weit berühmt. Sie besaßen eine kostbare Bibliothek und einen wertvollen Silber- und Kleinodienschatz. Ihre kulturelle Bedeutung beweisen die Lieder des Walther von der Vogelweide (1170–1230):

„den diamant der edelen Stein
gab mir der schönsten ritter ein
áne bete wart mir diu gâbe sine.
jô lob ich nicht die schoene
  nach dem schîne:
milter mann ist schoene
  und wol gezogen,
man soll die inre tugent uz kêren,
sô ist daz ûzer lop nâch, êren
sam des von Katzenelnbogen."

„Der Diamant, der edle Stein
Ward durch den schönsten Ritter mein
Ganz ohne Bitten hat er ihn geschenkt.
Doch lob ich Schönheit nicht
  nach äußerm Schein.
Ein güt'ger Mann ist wohlgestalt'
  und fein.
Wenn man nach außen hin
  die Tugend lenkt,
Wird in das äuß're Lob
  die Tugend einbezogen,
So ist's beim Katzenelnbogen."

Das Lied: „den diamant der edelen Stein" hat Walther von der Vogelweide dem Grafen Diether IV. von Katzenelnbogen gewidmet, an dessen Hof er weilte. Mit dem „schönsten Ritter" meinte er den Grafen. Der Sohn des Grafen Diether V. († 1276), Wilhelm I. († 1331), der durch seine im Jahre 1284 erfolgte Eheschließung mit Irmingard von Isenburg große Ländereien um St. Goarshausen erworben hatte, ver-

Walther von der Vogelweide, aus der Manesse-Handschrift

größerte Burg Rheinfels, ließ 1315 eine Kapelle errichten und einen Kirchhof anlegen. Seine Gemahlin Irmingard starb 1303, ohne einen männlichen Erben zu hinterlassen. Wilhelm I. von Katzenelnbogen, dessen Bruder Diether VI. auf einem Turnier in Basel 1315 tödlich verunglückte, stellte sich, im Gegensatz zu seinem Vater Diether V. und seinem Oheim Eberhard I., in dem Zollkrieg auf die Seite der Kurfürsten und verweigerte dem König Albrecht von Österreich die geforderte Herausgabe der Zollstelle von St. Goar. Darauf verzichtete der König und gab das Streitobjekt seinem getreuen Gefolgsmann Eberhard I. von Katzenelnbogen, entband die Einwohner von ihrem Treueid, den sie unterdessen dem König und dem Reich geleistet hatten und ermahnte sie, dem Grafen Eberhard von Katzenelnbogen wieder gehorsam zu sein. Als König Albrecht im Jahre 1308 von seinem Neffen ermordet worden war, meldeten sich die geschädigten, mit Gift und Galle angestauten Kurfürsten und führten ihre alten eigenen Zölle wieder ein.

Graf Wilhelm I. von Katzenelnbogen, „Herr zu Rheinfels“, verlobte seine Tochter Heilwig (1305–31) im Kindesalter mit Bruno von Isenburg-Heinsberg, der große Träume hegte und sich sogleich Graf von Katzenelnbogen, Herr auf Rheinfels, nennen ließ. Wilhelm zerstörte diesen anspruchsvollen Traum, indem er sich 1314, im Alter von 44 Jahren, mit der Gräfin Adelheid von Waldeck vermählte, die ihm Töchter und vor allem, zum Kummer Bruno von Isenburgs, Söhne schenkte und somit den Erben. Damit nach seinem Tode unter seinen zehn Kindern keine Streitigkeiten aufkämen und vor allem keine Gebietsaufteilungen vorgenommen werden konnten, setzte Graf Wilhelm I. seinen ältesten Sohn, Wilhelm II. († 1385), als alleinigen Erben des ungeheuren Besitzes ein. Im gleichen Jahre, als er diese Verfügung getroffen hatte, starb Wilhelm I. von Katzenelnbogen, am 18. November 1331. Er war ein eifriger Erhalter und Mehrer des Vermögens der Katzenelnbogen'schen Dynastie gewesen und ein fürsorgliches Oberhaupt seiner zahlreichen Familie. Unbegreiflich aber ist, daß er seine eigene Mutter, die auf Burg Rheinfels ihren Witwensitz hatte, schmählich behandelte. Er ließ ihr sogar Hausrat und Vieh pfänden, bis König Adolf von Nassau im Jahre 1292 diesem lieblosen Vorgehen ein Ende bereitete. Seit den Zeiten der Herrschaft Graf Wilhelms I. kam es zu anhaltenden schweren Differenzen zwischen den Grafen von Nassau und den mit ihnen verwandten Grafen von Katzenelnbogen. Jahrzehntelang dauerten die Erbstreitigkeiten an. Erst im Jahre 1410 kam unter Johann III. von Katzenelnbogen († 1444) ein Vertrag zustande, der die beiden Häuser in gemeinsamen Interessen zusammenführte.

Graf Wilhelm II. von Katzenbogen († 1385) erfreute sich vierundfünfzig Jahre seiner Herrschaft. Während seiner Regierungszeit wurde Deutschland 1348–50 von einer furchtbaren Pestepidemie heimgesucht. In St. Goar wurden täglich ein Dutzend Menschen dahingerafft, so daß der Ort fast ganz entvölkert wurde. Man gab den Juden die Schuld an diesem Unheil und verfolgte sie mit hemmungslosem Haß. Sie wurden von den Grafen von Katzenelnbogen geschützt und vor einem schlimmen Schicksal bewahrt; denn die Grafen waren ihnen gewogen, zumal sie, trotz ihres immensen Reichtums, Gelder bei ihnen zu borgen pflegten.

Graf Wilhelm II. starb 1385 kinderlos trotz seiner zweimaligen Vermählung. Die Grafschaft fiel seinem Bruder Eberhard V. zu, der ihn um 18 Jahre überlebte und 1402 starb. Er war ungebärdig und heißblütig und lebte mit aller Welt in Fehde, ganz im Gegensatz zu seinem Großoheim, dem Diplomaten Eberhard I. († 1311). Auf seiner

Grabmal Graf Philipp d. J. von Katzenelnbogen, ermordet 1453

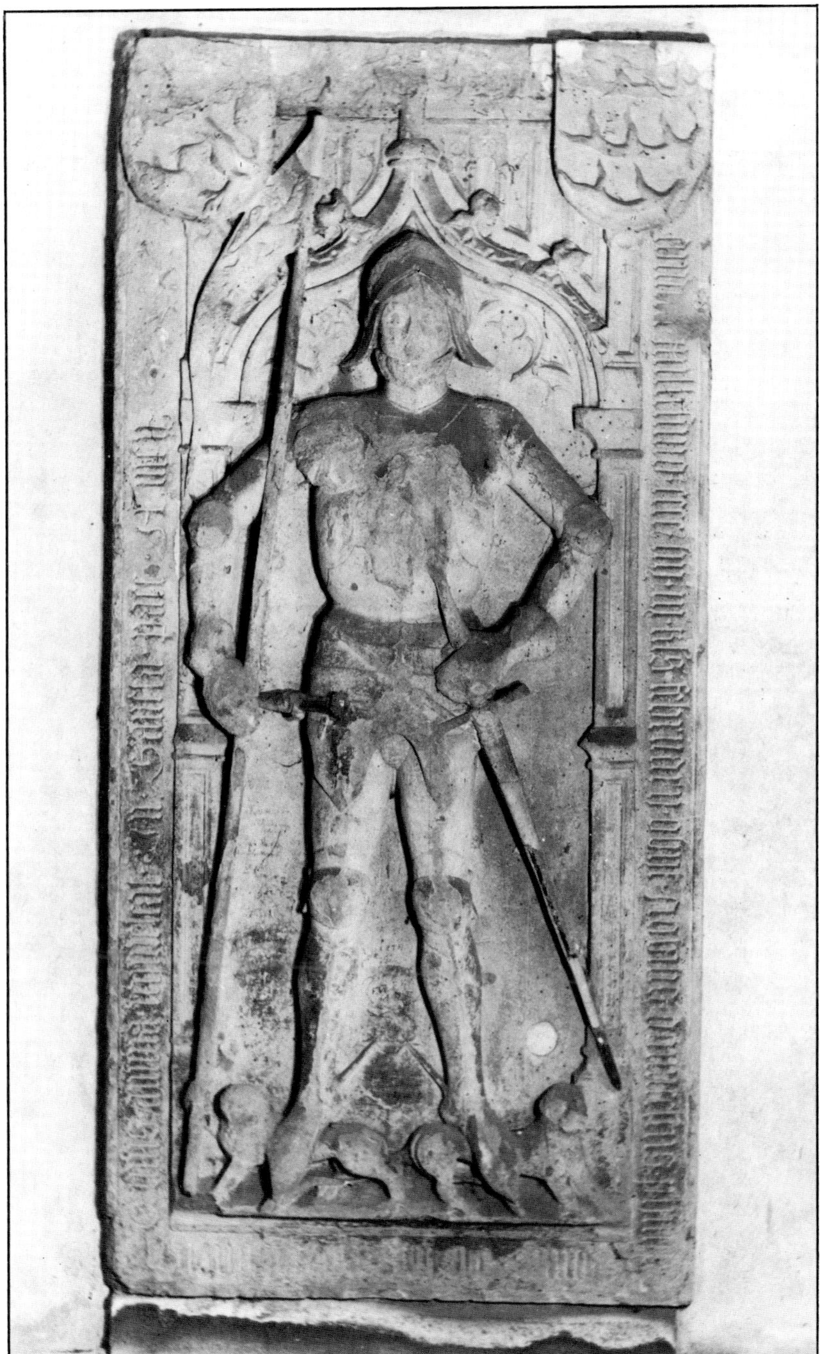

Burg Rheinfels saßen immer Ritter in Gefangenschaft. Das Landvolk stand seinem Treiben mit ohnmächtigem Haß gegenüber, denn es hatte am meisten unter seinen Streitereien zu leiden. Die Häuser und Felder der Leibeigenen wurden von Eberhards V. Gegnern verwüstet, wie Ulrich von Hutten solche Vorgänge in seinem Brief so anschaulich schilderte (wiedergegeben im Kapitel über die Heimburg). Die gesicherten Städte dagegen blühten durch Handel und Gewerbe und häuften ihren Wohlstand, denn Eberhard V. war nicht nur ein übler Haudegen, sondern auch ein kluger Geschäftsmann und hervorragender Organisator. Er starb hochbetagt; Johann III. von Katzenelnbogen († 1444), ein Urenkel Eberhards I., trat das Erbe des unermeßlichen Vermögens an. Er war mit Eberhards V. Tochter Anna († 1439) vermählt. Sie war die Urenkelin Diethers V. von Katzenelnbogen ältere Linie. So wurde die Ober- und Niedergrafschaft in einer Hand vereinigt. Graf Johann erbaute die Burg Neu-Katzenelnbogen „Katz" genannt, im Jahre 1395. Sein einziges Kind Philipp, später „der Ältere" genannt († 1479), beteiligte sich als Neunundzwanzigjähriger 1431 an dem Hussitenkrieg in Böhmen gegen die Anhänger des Priesters Jan Hus, nachdem dieser im Konzil zu Konstanz als Ketzer dem Feuertode überantwortet worden war. Philipp führte seine acht Ritter im Kampfe an, die sein Vater Johann III. dem Kaiser zu stellen hatte. Zwei Jahre später zog Philipp an der Spitze einer Schar von 20 000 Mann in einen Kreuzzug gegen die Türken und wurde auf dem Berg Sinai zum Ritter geschlagen. Nach Johanns – seines Vaters – Tode 1444 übernahm er die Herrschaft über die Grafschaften. Seine Regierungszeit war erfolgreich. Das Haus Katzenelnbogen erreichte den Höhepunkt seiner Macht. Rheinfels war damals ein Zentrum kulturellen Lebens. Sogar ein kleiner Zoo wurde auf der Burg unterhalten.

Doch die Ungunst des Schicksals verdüsterte Philipps Familienleben. Sein einziger Sohn, Philipp der Jüngere, an dem er mit großer Liebe hing und in dem er in seinem Vaterstolz den künftigen Herrn über seinen großen Besitz sah, wurde 1453 im Alter von 27 Jahren zu Brügge in Flandern ermordet. Philipps des Älteren erste Gemahlin, die diesen vergötterten Sohn geboren hatte – Anna von Württemberg –, war ein boshaftes und zänkisches Weib. Sie schimpfte den lieben langen Tag und wurde so unerträglich, daß es sogar dem Papst im fernen Rom für den armen Grafen in unserem Jammertal der harten Prüfungen zuviel erschien, er erteilte dem Erzbischof von Mainz die Erlaubnis, die Eheleute zu scheiden.

In der Hoffnung auf einen männlichen Erben vermählte sich der 71jährige Philipp mit der jungen Anna von Nassau-Dillenburg. Durch diesen Schritt fühlten sich die betrogen, die bei seinem Tode auf Nachfolge gehofft hatten und beschlossen einen Anschlag auf das Leben der Ehefrau Philipps, die er einen Monat zuvor geehelicht hatte. Der Kaplan Johann von Bornich, Seelsorger auf Burg Rheinfels, setzte dem Trinkbecher der Gräfin Arsenik zu. Sie kam nach quälendem, langem Krankenlager mit dem Leben davon. Der geflüchtete Täter wurde in Köln von Annas Vater ergriffen. Auf der Folter gestand er, für die üble Tat gekauft worden zu sein, und zwar von dem Vertrauten des Landgrafen Heinrich III. von Hessen, der Philipps Schwiegersohn war. Der Delinquent, gepeinigt, verriet alle Namen der an dem Attentat Beteiligten. Einige Unzufriedene aus St. Goar und Untersassen des Grafen von Katzenelnbogen waren darunter. Über seine Person sagte Johann von Bornich aus, daß er schon mehrere Morde begangen habe. Er wurde zum Feuertode verurteilt und öffentlich hingerichtet. Der mörderische Anschlag auf die junge Ehefrau tat dem

Grabmal Graf Philipp der Ältere von Katzenelnbogen † 1479

guten Einvernehmen zwischen Schwiegervater und Schwiegersohn jedoch keinen Abbruch. Es entstanden aber große Erbauseinandersetzungen nach Philipps d. Älteren Ableben 1479, denn sein Geschlecht starb mit ihm im Mannesstamm aus. Sein einziger Sohn Philipp d. Jüngere war, als er 1453 in Flandern ermordet worden war, schon fünf Jahre mit Ottilie, der Tochter Heinrichs II. von Nassau-Dillenburg, verheiratet; dieses Ehepaar hinterließ eine Tochter Ottilie († 1517), die seit 1469 mit Christoph von Baden vermählt war. Der Ehemann erhob nun Erbansprüche als Gatte der Enkelin Philipps d. Älteren.

Landgraf Heinrich III. von Hessen, Giftmischer und Nachfolger Philipps d. Älteren, hatte kein leichtes Leben, denn von allen Seiten machte man ihm das reiche Erbe streitig. Doch selbst aus diesen Anfechtungen vermochte der tüchtige Heinrich noch Vorteile zu ziehen, immer bestens beraten von seinem Freunde Hans von Dornberg, Mitwisser der Giftmordaffaire. Als Beispiel sei eine gewinnbringende Manipulation erwähnt: In einem Streit zwischen dem Erzstift Köln und dem Pfalzgrafen bei Rhein sicherte sich Köln mit klingender Münze die Waffenhilfe des Landgrafen auf Rheinfels. Dieser mußte sich 10 Monate lang gegen Karl den Kühnen von Burgund verteidigen, der allein fünfundsechzigmal versuchte, die Burg zu stürmen. Bei dieser Gelegenheit verlor Heinrich fast alle seine Pferde, teils bei Ausbruchsversuchen oder auch durch den Hunger, denn die Pferde wanderten in die Kochtöpfe der Belagerten. Heinrichs überforderte Entschädigungsansprüche brachten die Verhandlungen zum Scheitern. Als er darüber mißmutig und verdrossen auf seiner Burg saß, kam ihm am Osterfeste die erleuchtende Idee. Er ließ am Zoll von St. Goar alle Kölner Bürger und Bürgerinnen mit Knechten und Warenladungen, die sie von der Frankfurter Messe mit sich führten, festsetzen. Köln mußte die Zeche bezahlen – wie alte Urkunden besagen –, und zwar betrug das Lösegeld 7000 rheinische Gulden. Eine hohe Buße für den – wenn auch entwürdigenden – Tod seiner verzehrten Kriegsrosse.
Landgraf Heinrich III. von Hessen beschloß sein rastloses, intrigenreiches Leben im Jahre 1483. Ihm folgte sein Sohn Wilhelm III. in der Landgrafschaft. Dieser stritt sich ebenso begeistert um das liebe Geld wie sein Vater es getan hatte. Aber schon im Jahre 1500 starb er nach einem Sturz vom Pferde, ohne Nachkommen zu hinterlassen. Merkwürdigerweise folgt auf ihn Wilhelm II. († 1509). Er war der Sohn Ludwigs von Hessen-Kassel und der Neffe des 1483 verstorbenen Heinrich III., der mit Anna von Katzenelnbogen, der Tochter Philipps d. Älteren, vermählt war. Als Landgraf Wilhelm II. sein Erbe antrat, begannen die alten Erbstreitigkeiten wieder so heftig aufzulodern, daß sie über 200 Jahre weiterschwelten.

Der Schwager des verstorbenen Wilhelm III., Graf Johann von Dillenburg, erhob Anspruch auf die Landgrafschaft im Namen seiner Gemahlin Elisabeth. Der Anspruch war berechtigt. Im Ehevertrag aus dem Jahre 1475 hatte Elisabeth auf das ganze väterliche und mütterliche Erbe verzichtet mit Ausnahme des Falles, daß Heinrich III. bei seinem Tode keinen männlichen Erben hinterlassen würde. Sein Sohn und Erbe Wilhelm III. starb aber schon 1500, so daß seine Schwester Elisabeth das einzige erbberechtigte Kind des Landgrafen Heinrich III. war.
Landgraf Wilhelm II. war Anhänger des Kaisers Maximilian I. (1493–1519), des „letzten Ritters“, dessen Hauspolitik unter dem Motto stand:

„bella gerant alii, tu, felix Austria nube!“

„Kriege führen mögen andere, du, glückliches Oesterreich, heirate!“ –

Grabmal des Landgrafen Heinrich III., † 1483, Gesamtansicht von oben

Maximilian weilte häufig auf Burg Rheinfels und schlug dort auch sein Hauptquartier auf, als Landgraf Wilhelm II. mit seinen Hessen im Jahre 1504 so ergebnislos einen Monat lang Burg Gutenfels belagert hatte. – Neun Jahre, nachdem er die Herrschaft angetreten hatte, starb Wilhelm II. und hinterließ einen fünfjährigen Sohn, der später „Philipp der Großmütige" genannt werden sollte. In seinem 15. Lebensjahr (1518) trat er schon das Erbe seines Vaters Wilhelm an, nachdem er vorzeitig für volljährig erklärt worden war. Seine Regierungszeit brachte einschneidende Umwälzungen mit sich, die unauslöschliche Folgen für die Bevölkerung hatten. Zu seiner Zeit kam es zur Spaltung der Kirche. Philipp war 1521 auf dem Reichstag zu Worms anwesend gewesen, tief beeindruckt von Martin Luthers mutigem Widerstand:

„Hier stehe ich, ich kann nicht anders. Gott helfe mir. Amen!"

Böse Zungen geistlicher Zuträger berichteten dem Papst: „Der Landgraf stürze sich in den Kirchenkampf und ließe die katholischen Geistlichen durch lutherische ersetzen."

In allen Kirchen wurde nur noch die Lehre Luthers verkündet, ohne Rücksicht auf die religiösen Gefühle der Bevölkerung, die seit Jahrhunderten in der Verehrung des heiligen Goar lebte. Somit versiegte für die Stadt St. Goar auch eine immer sprudelnde Einnahmequelle, denn mit dem Verbot Philipps blieb der Zustrom der Fremden aus, die an die Wunderkraft des Heiligen glaubten und von ihm Hilfe in den Nöten ihres Lebens erhofften.
Während Philipps langer Regierungszeit blieb Burg Rheinfels trotz der wahrhaft prunkvollen Lebenshaltung eine „feste Burg" des protestantischen Glaubens. Unter seiner Regierung fand auch der langwierige Erbstreit ein vorläufiges Ende. Nach langem Hin und Her wurde dem Grafen von Nassau-Dillenburg, der für seine Gemahlin Elisabeth verhandelte – sie war die Enkelin Philipps d. Älteren von Katzenelnbogen – die Hälfte der Grafschaft zugesprochen. Doch dem Grafen war das noch nicht genug. Nun forderte er auch noch Teile der Katzenelnbogen'schen Grafschaft. Eine Einigung wurde nicht erzielt. Es kam zum Prozeß, der sich zäh hinschleppte und schließlich zugunsten Philipps des Großmütigen endete, denn er war unterdessen in ganz Deutschland eine bekannte Persönlichkeit geworden und verstand es, die religiösen Strömungen für sich zu nutzen. Nach dem 1557 erfolgten Urteil blieben beide Grafschaften in seinem Besitz, und die Gegenseite wurde mit 600 000 Gulden abgefunden.

So besonnen Philipp der Großmütige die Verwaltung seines Eigentums betrieb und so eifrig er auch für seinen Glauben kämpfte, so sehr wurde durch seinen haltlosen Lebenswandel das feste Gefüge seines Familienlebens untergraben und schließlich vernichtet.

Nachdem er 16 Jahre verheiratet war und acht Kinder mit seiner Frau Christina – der Tochter des Herzogs Georg von Sachsen – hatte, überfiel ihn die Erkenntnis:

„wie ich sie genommen, da ich noch kein natur hatte, auch keine 17 jarre alt warr, nota, das ich nihe liebe oder brunstlichkeit zu irr gehabt."

Dazu kam als Aushang:

„nota wiewol sie sust from, aber warlich sust unfreindlich, heslich auch übel geroch."

Da der gottesfürchtige Philipp ein ehrlicher Streiter seines Glaubens und eifriger Anhänger Luthers war, lebte er in großen

Grabplatte Wilhelms III., † 1500, Bronzeguß in Stein eingelegt

Landgraf Philipp der Großmütige † 1567

Philipp der Großmütige, Landgraf von Hessen 13. 11. 1504–31. 3. 1567, nach einem Holzschnitt von Lucas Cranach

Gewissensqualen wegen seines sündigen Lebens, wie er bekannte:

„hab' mein ehe nitt lang, und nitt über drei Wochen gehalten, und also fur und furo furtgefahren."

Es war ihm unmöglich, seine Leidenschaft zu zügeln, die ihm eine böse Krankheit einbrachte, der er manchmal zu erliegen drohte. In seiner Gewissensnot vertraute er sich Martin Luther an. Doch noch mehr als Luthers Hilfe brauchte er Schutz vor der öffentlichen Meinung. In tiefer Verzweiflung, schwer an seiner Krankheit leidend, flehte er Gott um Vergebung seiner Sünden an, doch ohne ernstlichen Vorsatz, seinen Lebenswandel zu ändern. Berühmte Männer seiner Zeit mußten sich mit seiner Angelegenheit befassen. Es gab eifrige Dispute, Gutachten und Auslegungen von Bibelstellen von allen Seiten. Das lange Hin- und Herziehen, das nutzlose Hadern und Hoffen verursachte bei Philipp einen moralischen Zusammenbruch, der ihm einen Ausweg aus seinem Dilemma wies:
„Wenn Gott es nicht gewollt hätte, hätte er ihn auch nicht so geschaffen. Nach einer Bibelstelle Matth. 19 könne er sich in seiner ausweglosen Lage auf die Dispens Gottes berufen und noch ein Eheweib nehmen."

Nach diesen „Gewissensgründen" entschied er sich, eine zweite Ehe einzugehen ohne Rücksicht auf die Gefühle seiner Familie, von der zukünftigen Schwiegermutter geschickt vorangetrieben.

Um aber die Geduld der göttlichen Vorsehung nicht zu sehr zu strapazieren, beschloß Philipp, seine zweite Ehe bis zum Tode seiner ersten Frau geheimzuhalten. Er heiratete das junge Fräulein von der Sale. Es war für sie kein Zuckerschlecken. Sie hatte zwar ein eigenes Heim und lebte im Wohlstand, jedoch eingeschlossen und ... streng geheim.

Gerüchte verbreiteten sich in Windeseile. Widerstand und Empörung überschwemmten das Land wie eine bedrohliche Sturmflut und schäumten auch außerhalb der Grenzen. An verwandten sächsischen und hessischen Höfen summte es wie in einem Hornissenschwarm. Landgraf Philipp fühlte sich bedroht und verbreitete, seine Gemahlin Christina habe die zweite Eheschließung unterstützt. Auf ihrem Sterbebett, einige Jahre später, vertraute sie ihrem ältesten Sohn Wilhelm an, daß man sie unter Drohungen gezwungen hatte, ihre Zustimmung schriftlich niederzulegen.

Nach Christinas Tode übte Margarethe großen Einfluß auf ihren Gatten aus, doch dieser Einfluß war nicht immer löblich. Die Jahre der „geheimen Ehe" rächten sich. Philipps Sohn Wilhelm schreibt:

„gleichwohl aber untersteht sie sich, die edle Fürstin unsere Mutter selige under der erden mit erdichten Lügen zu schmehen, und schreit uns unsern hern vater bei meniglichen aus wie ein hipenbuben, und wollte dazu auch gerne widder uns verhetzen wie sie nur kant."

Die sieben Söhne Margarethas wurden, als sie noch jung waren, schon als „unerzogene kleine Kinder" bezeichnet. Alle blieben unverheiratet. Im Jahre 1575 waren schon sechs von ihnen gestorben: „ein Zeichen des Zornes Gottes über die Kinder aus der Doppelehe", wie es die legitimen Kinder beurteilten.

Landgraf Philipp der Großmütige von Hessen starb nach einem tätigen und sehr bewegten Leben am 13. März 1567. Seine Nachkommen bewahrten ihm seiner segensreichen und klugen Regierung wegen ein ehrendes Andenken, obgleich sein Lebenswandel und die Entschlüsse in seinem Testament starke Schatten auf seine Persönlichkeit warfen. In seiner letztwilligen

Landgraf Philipp der Großmütige von Hessen † 1567

Landgraf Philipp II. von Hessen † 1583, Grabmal in St. Goar, Stiftskirche

Elisabeth, Gemahlin des Landgrafen Philipp II., † 1609, St. Goar, Stiftskirche

Verfügung aus dem Jahre 1562 bestimmte er nicht nur seine legitimen Söhne, sondern rechtswidrig auch die Söhne seiner Nebenfrau zu Erben. Er verlieh diesen den Titel „Grafen von Diez“ und vermachte ihnen Ämter und Sitze, die aber schon im Jahre 1577 an die rechtmäßigen Erben zurückfielen, denn die Grafen starben früh. Der überlebende Graf Christoph wurde wegen mannigfacher Verbrechen eingekerkert und starb nach dreißigjähriger Gefangenschaft in dem dunklen Loch seines Kerkers. Landgraf Philipp der Großmütige teilte sein Riesenvermögen auch unter die vier Söhne seiner ersten Ehe. Dem zweitjüngsten Sohn Philipp II. wurden Burg Rheinfels und die dazugehörigen Gebiete zugesprochen. Diese Wahl soll der Vater mit den Worten begründet haben: „Weil Du so gern Wein trinkst.“ Dieser trinkfreudige Philipp II. war allen Genüssen des Lebens sehr ergeben. Damit brachte er viel Geld unter die Leute. Sie profitierten erheblich von seiner Großzügigkeit. Die Prachtentfaltung auf seiner Burg und deren großartige Umgestaltung in ein Renaissanceschloß verschlang ungeheure Summen. Allein die Umbauten des alten Burgbaus in ein Fürstenschloß kosteten 572 000 Taler. Philipp war bald auf Geldvorschüsse seines Bruders angewiesen, die ihm unter Ermahnungen und Vorwürfen zuflossen, und sein süßes Leben beträchtlich versauerten. Doch bei den Bürgern war der leichtlebige Burgherr beliebt, zumal er verständnisvoll für Kümmernisse und hilfsbereit denen gegenüber war, die Unterstützung brauchten. Mit Vorliebe schlichtete er Händel und lud die Streitenden hinterher zum Versöhnungsmahl an seine üppige Tafel. Sein ganzer Hofstaat war in Sammet und Seide gekleidet. Die Pferde trugen Federbüsche und wertvolles Zaumzeug.

Seine Gattin nannte ihn, obgleich er mehr trank als er vertrug und leichtsinnig und genußsüchtig war, ihren „Herzensschatz“. Aber der unmäßige Weingenuß brachte Philipp II. früh ins Grab. Im Alter von 42 Jahren starb er am 30. November 1583 an der Wassersucht. Seine Gemahlin Elisabeth überlebte ihn um 26 Jahre. Ihrer beider prunkvolle Grabmäler im Stil des frühen Barock wurden in der Stiftskirche zu St. Goar errichtet.

Philipp II. starb kinderlos und sein Bruder beerbte ihn. Dem Bruder Wilhelm IV. von Hessen-Kassel fielen St. Goar, Rheinfels, Hohenstein und Reichenberg zu. Er starb aber schon im Jahre 1592. Sein Sohn Moritz „der Gelehrte“ beherrschte neun Sprachen und schrieb ein weitverbreitetes Lehrbuch in lateinischer Sprache. Er erteilte einem Zeichner Wilhelm Dilich den Auftrag, „Landtafeln“ seiner Burgen und Schlösser herzustellen, die für uns heute von höchstem historischen Wert sind.

1599 verlas Landgraf Moritz auf Rheinfels die von ihm geänderten Strafen bei Verbrechen und Verfehlungen. Es ist interessant, daß er die Doppelehe, die noch sein Großvater Philipp der Großmütige führte, in Zukunft mit dem Tode bestrafen ließ. 1627 dankte Landgraf Moritz ab und verzichtete auf Burg Rheinfels. Fünf Jahre später (1632) starb er. Das Erbe teilte er wiederum unter vier Söhnen auf. Sein Sohn Ernst erhielt Burg Rheinfels, starb 1693 und war der Ahnherr einer besonderen Linie des landgräflich hessischen Geschlechts, die erst im Jahre 1834 ausstarb. Auf Rheinfels nahm Landgraf Ernst bedeutende Verstärkungen und Erweiterungen an der Festung vor, und baute das heute noch nicht gänzlich verschwundene Fort „Scharfeneck“ auf. Mit weiteren Verteidigungsanlagen in der Umgebung schuf er eine „starke Macht am Rhein“, deren Krönung Burg Rheinfels war. Trotz all dieser umsichtigen und weitblickenden Unternehmungen geriet Landgraf Ernst in den Verdacht des Landesverrats. Man warf ihm vor, er habe Rheinfels

Landgraf Moritz von Hessen-Kassel auf Rheinfels † 1632

und Burg Katz an die Franzosen verkaufen wollen. Die Stadtobrigkeit erkannte nach eingehender Prüfung ein ihn schwer belastendes Schriftstück an, dessen Echtheit er bestritt. Die Festungsbauten hatten die horrende Summe von 2 000 000 Talern verschlungen. Dies mag ein Grund zum Landesverrat gewesen sein, aber vielleicht auch nur der Anlaß zu einem verleumderischen Verdacht. Bevor Landgraf Ernst sich vor Gericht verantworten mußte, starb er im Jahre 1693. Angesichts seines Todes verstummte die Anklage gegen ihn.

Die Ereignisse des Dreißigjährigen Krieges hatten auch St. Goar und Rheinfels schwer getroffen. Als der Kurfürst von Trier die Burg 1629 mit Waffengewalt nehmen wollte, hielt sie seinen Angriff tapfer stand. Auch kam sie vorerst noch glimpflich davon, denn der Sohn Wilhelm des im Jahre 1632 verstorbenen Moritz des Gelehrten fand Beistand und Fürsprache bei dem Schwedenkönig Gustav Adolf, der mit ihm verwandt und ein Enkel Philipps des Großmütigen war. An seiner Seite kämpfte Wilhelm, der nach dem Ableben des Landgrafen Moritz auf Burg Rheinfels verzichtet hatte. Zwar wurde die Burg dank der verwandtschaftlichen Bindungen in diesen Kriegszeiten verschont, aber über die unsagbaren Greuel, die die Bevölkerung zu erleiden hatte, ist schon viel berichtet worden. Diese Vorgänge sind uns heute noch unfaßbar. Es war eine Orgie der Unmenschlichkeit. Was am Leben verschont blieb, holte sich die Pest. Dazu loderten die Erbstreitigkeiten der Häuser Hessen-Kassel und Hessen-Darmstadt wieder empor und beschworen neues, namenloses Elend der gepeinigten Menschheit herauf. Ein Jahr vor Abschluß des über 200 Jahre dauernden Familienkrieges mußte Rheinfels sich 1647 den niederhessischen Truppen ergeben. Die Widerstandskraft der Landgrafen Hessen-Darmstadt war endgültig gebrochen. Ihnen verblieb nur noch das Amt Braubach und das Kirchspiel Katzenelnbogen.

Neue Sturmwolken zogen auf mit dem Einmarsch der Truppen Ludwigs XIV. von Frankreich. Die Burg wurde 1692 vierzehn Tage lang beschossen, aber nicht erobert. Unter blutigen Verlusten mußten die Franzosen abziehen. Sie zogen mordend und brennend weiter und ließen Rheinfels zerschossen mit Hunderten von gefallenen hessischen Verteidigern zurück – unbesiegt. Der Landesfürst Karl von Hessen-Kassel, der während der Verhandlungen in der Landesverratssache Burg Rheinfels besetzt hatte, um „Böses“ zu verhindern, hatte die Verteidigung der Burg gegen die Franzosen persönlich geleitet. Zur Erinnerung an den Sieg ließ er eine Gedenkmünze herstellen. Unter dem Bilde: St. Goar, Rheinfels sind die Worte eingeprägt: „frusta obsessa liberta die 2. Januari 1693” = das vergebens belagerte Rheinfels befreit am 2. Januar 1693.

Heute ist Burg Rheinfels eine großartige Ruinenanlage mit kolossalen Mauern und einer steil aufragenden Schildmauer, selbst in ihrem verwitterten Zustand noch stolz und imposant. Über dem erhalten gebliebenen zweiten Eingangstor berichtet eine Tafel aus ihrer heldischen Zeit: „Dezember 1692 verteidigten hessische Truppen unter Karl von Hessen die Burg gegen Ludwig XIV. Nach vierzehntägigem Kampf wurden die Franzosen abgewiesen.“

In der Burg befindet sich ein Hotel und ein Heimatmuseum (Treidel-Kunst-Ausstellung); Sitz des internationalen Hanseordens. Um sich ein Bild von den enormen Ausmaßen dieser größten Rheinburg machen zu können, ist eine Besichtigung sehr lohnend, zumal Rheinfels auch ein interessantes historisches Museum beherbergt.

Landgraf Ernst von Hessen-Rheinfels † 1693

Rheinfels, Zugang zur Kernburg

Rheinfels, Schildmauer der Kernburg und Uhrturm

Rheinfels, Inneres des Saalbaus

I.

Stammtafel der Grafen von Katzenelnbogen
bis zur Trennung der Linien

- Diether I. (1065–1095) oo Meinlindis
  - Heinrich I. (1095–1102) oo Luitgard v. Hengebach
    - Heinrich II. (1124–1160) seit 1138 Graf co Hildegard v. Henneberg
      - Kunigunde († 1198) oo Graf Heinrich v. Diez
      - Heinrich III. (1151–1173)
      - Berthold I. (1157–1179) oo Adelheid v. Laufen
        - Heinrich (1213) Domherr zu Mainz
        - Berthold II. (1183–1211) oo Bertha
        - Diether III. (1190–1214) oo L. v. Lichtenberg
          - Diether IV. (1219–1245) oo Hildegunde
            - Diether V. († 1276) oo Agnes v. Eberstein oo Margarethe v. Jülich — Begründer der älteren Linie
            - Eberhard I. († 1311) oo Elisabeth v. Eppstein — Begründer der jüngeren Linie
          - Heinrich IV. v. Hohenstein (1222–1245)
      - Diether († 1191) Kaiserl. Hofkanzler
      - Hermann († 1203) Bischof von Münster
    - Philipp († 1173) seit 1141 Bischof von Osnabrück
  - Diether II. († 1095)

II.
Stammtafel der Grafen von Katzenelnbogen von der Trennung der älteren und jüngeren Linie an

- Diether V. († 1276)
  - Diether VI. († 1325)
oo Katharina v. Kleve
  - Wilhelm I. († 1331)
„Herr zu Rheinfels"
1287 Burggraf auf Gutenfels
oo 1284 Irmgard v. Isenburg
oo 1314 Adelheid v. Waldeck
    - Johann I.
(† 1332)
    - Wilhelm II.
(† 1385)
    - Eberhard V.
(† 1402)
oo 1367 Agnes
v. Diez
      - Anna († 1439)
oo Graf Johann
v. Katzenelnbogen
(† 1444)
Jüngere Linie
Erbauer von Neu-Katzenelnbogen
    - Diether VII.
(† 1325)
    - Elisabeth
oo 1320 Graf Philipp
v. Sponheim-Bolanden
  - Berthold († 1336)
Propst von Oberwesel

Eberhard I. († 1311)

- Gerhard (1293–1312)
  oo Margaretha
  von der Mark
  - Eberhard II. (1312–1325)
  - Johann II. († 1357)
    oo Elisabeth
    v. Isenburg
    - Adelheid († 1397)
      oo Graf
      v. Sponheim
    - Diether VIII. († 1402)
      oo Elisabeth
      v. Nassau
      oo Anna
      v. Nassau
      - Johann III. († 1444)
        oo 1383 Anna v. Katzenelnbogen
        ältere Linie
        - Philipp d. Ä. († 1479)
          oo 1422 Anna v. Württemberg
          oo 1474 Anna v. Nassau
          - Philipp d. J. († 1453)
            oo 1450 Ottilie
            v. Nassau
          - Eberhard († 1456)
            Domherr von Köln
          - Anna († 1494)
            oo 1458 Lg. Heinrich III.
            v. Hessen
    - Johann († 1361)
      Domherr
      von Speyer
    - Gerhard († 1402)
      Domprobst
      von Speyer
- Berta
  oo Graf Thomas
  v. Rieneck
- Berthold III. († 1321)
  oo Adelheid v. Sayn
  mit weiteren Nachkommen

III.
Stammtafel der Landgrafen von Hessen als Erben der Grafen von Katzenelnbogen

Ludwig I. († 1458)

Ludwig II. († 1471) — Heinrich III. († 1483) oo 1458 Anna v. Katzenelnbogen († 1494)

Wilhelm I. (L 1515) verzichtet 1493 — Wilhelm II. († 1509)

Philipp der Großmütige († 1567)

Wilhelm IV. († 1592) zu Kassel — Ludwig III. († 1602) zu Marburg — Philipp II. († 1583) zu Rheinfels — Georg I. († 1596) zu Darmstadt

Moritz († 1632) verzichtet 1627 — Darmstädter Linie regiert bis 1918

Wilhelm V. († 1637) — Hermann († 1658) — Friedrich († 1655) — Ernst († 1693) zu Rheinfels

Kasseler Linie abgesetzt 1866 — besondere Linie ausgestorben 1834

Burg Neukatzenelnbogen, genannt „Katz“

Über diese Burg ist wenig zu berichten. Sie war nur für eine kleinere Besatzung bestimmt, die die Angreifer auf kurze Entfernung abzuwehren oder sie durch Hinhalten zu schwächen hatte, so daß sie dann in der starken Phalanx der Burgen Rheinfels und Reichenberg einen überlegenen Gegner fanden.

So blickt die Burg Neukatzenelnbogen trotz ihrer wehrhaften und zweckdienlichen Bauart auf keine überlieferte heldische Vergangenheit aus mittelalterlicher Zeit zurück.

Oberhalb des Ortes St. Goarshausen, auf dem felsigen Vorsprung eines Höhenzuges, dessen sagenumwobener Felsen, die Lorelei, gefährlich weit in den Strom hinausragte, wurde im Jahre 1395 die Burg Neukatzenelnbogen von dem Grafen Johann von Katzenelnbogen († 1444) als Zoll-, Schutz- und Trutzburg ausgebaut gegen das angrenzende Gebiet des Erzbischofs von Trier und dessen Burg, der später so genannten „Maus“. Als das Grafengeschlecht im Jahre 1479 ausstarb, ging die Burg „Katz“ an die Landgrafschaft Hessen über. Im Verband mit ihren großen Schwesternburgen Rheinfels und Reichenberg bildeten die drei Burgen ein strategisch mächtiges Festungswerk. Bei Freund und Feind hieß es: „Wer Katz sagt, meint auch Rheinfels“ und umgekehrt!

Die einzige große Stunde der Bewährung kam 1692, als die starken Mauern der Burg „Katz“, verteidigt von ihrer todesmutigen kleinen Besatzung, dem Ansturm der Franzosen wochenlang Widerstand leisten mußte, wobei der französische General Tallard schwer verwundet wurde und der Feind die Belagerung schließlich aufgab.

Dieses heldische Ereignis war aber auch zugleich der Schwanengesang der unbesiegten Burg Neukatzenelnbogen. Sie war länger in Gebrach geblieben als irgendeine andere Burg am Rhein. Obgleich sie durch Vernachlässigung im 18. Jahrhundert in Verfall geriet, behielt sie noch bis zum Jahre 1806 eine hessische Besatzung.

Loreley 1824

Grabmal Johann III. von Katzenelnbogen † 1444, Kloster Eberbach

Schließlich von den Franzosen gesprengt, ging sie in Privatbesitz über. Nach den von dem berühmten Landesgeometer und Burgenzeichner Dilich 1606 sorgfältig aufgezeichneten Plänen und Messungen wieder aufgebaut, erlebte Burg „Katz" eine friedliche Auferstehung wie ihre ehemalige Gegnerin die „Maus", die sich von ihr nie hatte fangen lassen. – Heute ist Burg Katz Erholungsheim des Bundessozialwerkes; Besichtigung nicht möglich.

Burg Katz

Deuernburg, genannt „Maus"

Hoch auf steilem Schieferfelsen erhebt sich oberhab des Ortes Wellmich die Deuernburg, fast lieblich in die bewaldete Landschaft eingebettet, noch in unserer Zeit ein Zeuge für den Schönheitssinn und das Einfühlungsvermögen ihres Schöpfers.

Als der Trierer Kurfürst, Erzbischof Boemund II. Graf von Saarbrücken, in der ersten Hälfte des 14. Jahrhunderts den Ort Wellmich käuflich erwarb, begann er 1355 zum Schutze seines neuen Besitztums mit dem Bau der Burg Peterseck, deren Namen aus unbekanntem Anlaß später in Deuernburg umgewandelt wurde. Als Boemund II. seine erzbischöfliche Würde 1362 niederlegte, wurde der Bau von seinem Nachfolger, dem schon bekannten streitbaren und draufgängerischen Erzbischof Kuno von Falkenstein, weiter ausgeführt. Er wählte die Burg zu seinem dauernden Alterssitz, nachdem er sein geistliches Amt niedergelegt hatte. Kuno von Falkenstein liebte die schöne, reizvolle Burg. Auf ihr hatte er, während sie noch unvollendet war, in einem festlichen Rahmen die Insignien des Trierer Erzbischofs empfangen.

Unter seiner Regie erlebte die Deuernburg glanzvolle Zeiten, die nach seinem Tode 1388 von seinem Nachfolger und Neffen, dem Erzbischof Werner von Königstein († 1418), fortgeführt wurden. Beide beschlossen ihr tatkräftiges Leben auf diesem ihrem Lieblingssitz.

Wellmich und Thurmberg

Grabmal Erzbischof Kuno von Falkenstein † 1388, in St. Kastor, Koblenz

Grabmal Erzbischof von Trier Werner von Königstein-Falkenstein † 4. 10. 1418

Burg Maus oder Deuernburg

Die bedrohliche Nachbarschaft der Burg „Katz“ erfreute den Gottesmann Kuno von Falkenstein keineswegs. Die Grafen von Katzenelnbogen höhnten über die kleine, bescheidene Burg, nannten sie „Maus“ und drohten, ihr mit der Überlegenheit der eigenen massiven Burg über St. Goarshausen den Garaus zu machen. In ängstlicher Verfolgung dieser dauernden Plänkeleien nannten die Talbewohner die beiden Burgen „Katz und Maus“ und warteten darauf, daß die starke Katz die schwächere Maus verschlinge. Doch es gelang ihr nie. Der Tod Kunos von Falkenstein machte dem Hader ein Ende und verhinderte wahrscheinlich, daß die Maus schließlich doch unterlegen wäre.
Im 16. Jahrhundert gelangte die Deuernburg in den Besitz der Familie von Nassau. 1588 war Philipp von Nassau Herr von Deuernburg. Noch im 17. Jahrhundert war sie in wehrfähigem Zustand und unterhielt eine kleine Besatzung. Allein der Zahn der Zeit nagte auch an ihren Mauern, so daß sie 1806, unnütz geworden im Fortschritt der Jahrhunderte und all ihres Glanzes beraubt, auf Abbruch versteigert und zum größten Teil niedergelegt wurde. Sicherlich haben auch die Heerhaufen der Franzosen an der Zerstörung ihrer reizvollen Schönheit mitgewirkt.
Wie es so mancher malerischen Ruine am Rheinstrom geschah, wurde auch die Deuernburg, genannt Maus, zu Beginn unseres Jahrhunderts Eigentum eines Burgenfreundes, des Architekten Gärtner aus Köln, der sie mit kundigem Geschmack und unter Wahrung ihrer ursprünglichen Gestalt wieder auferstehen ließ, zur Augenfreude erlebensfroher Rheinfahrer und Burgenliebhaber. Burgschenke, Besichtigung ganzjährig.

Burg Maus

Burg Sterrenberg

Diese Burg war eine der erstaunlichsten Leistungen in der Geschichte des mittelalterlichen Burgen- und Verteidigungsbaus. Sie wird schon im Jahre 1034 urkundlich erwähnt. Wahrscheinlich waren auch bei ihrer Entstehung die Bolanden beteiligt, die zahlreiche Burgen in eigener Regie oder im Auftrag des Reiches oder der Erzbischöfe erbauten. Tatsache ist, daß Sterrenberg im 11. Jahrhundert Reichsburg war, die vom Kaiser als Lehen vergeben werden konnte.

Es war der Edle Erloph, der in dieser Gegend reich begütert ansässig war und dem Kaiser Heinrich IV. das Dorf Hirzenach auf der gegenüberliegenden Seite des Rheins überließ. Der Kaiser schenkte es der Abtei Siegen mit dem Auftrag, in Hirzenach ein Kloster zu errichten. Aus diesem Kloster entwickelte sich 1296 die berühmte Propstei Hirzenach. Der Edle Erloph hatte dem Kloster mehrere Güter geschenkt und wurde dafür mit der Vogtei belehnt. In dieser Eigenschaft mußte er zum Schutze des Klosters und seiner Ländereien in der Nähe ansässig sein, und so wird er – eine Urkunde ist darüber nicht vorhanden – auf Burg Sterrenberg Burgmann geworden sein.

Von den Geschlechtern, die auf Burg Sterrenberg waren, werden die Bolanden, von Sponheim, von Katzenelnbogen, die Brömser von Rüdesheim und die von Liebenstein genannt – alles bedeutende Geschlechternamen. Udo von Wieselo ist der älteste uns bekannte Burgmann. Seine Familie nahm den Namen Sterrenberg an und teilte sich später in zwei Linien: Die Sterrenberg und die Schenke von Sterrenberg. Er saß seit 1190 als Burgmann und Unter- oder Afterlehensträger auf Sterrenberg. Sein Lehensherr Werner II. von Bolanden, selbst Lehensmann des Reiches, erhielt

Burg Sterrenberg und Liebenstein, „die feindlichen Brüder"

nach dem Tode Udos das Burg- und Zollrecht, und Sterrenberg wurde in ein Erblehen für diese Familie umgewandelt. Die Dynasten der Bolanden erwarben hier noch bedeutenden Grundbesitz dazu. Sie erhoben einen einträglichen Rheinzoll, befreiten 1258 das Kloster Eberbach, das einen lebhaften Weinhandel mit Köln betrieb, von diesen Abgaben. Zu dieser Zeit besaß ein Graf Heinrich von Sponheim-Tannenfels einen Teil der Burg Sterrenberg. Er war vermählt mit Kunigunde, Tochter Philipps IV. von Bolanden, der das reiche Erbe zufiel, als Philipp im Jahre 1276 ohne männliche Nachkommen starb. Heinrich von Sponheim soll am Aufbau der Burg Liebenstein beteiligt gewesen sein, als die Bolanden sie 1295 auf dem gleichen Felsmassiv in unmittelbarer Nähe gegenüber der Burg Sterrenberg errichteten. Nach Fertigstellung verkaufte der Graf von Sponheim die Hälfte der neuentstandenen Burg an Ludwig von Sterrenberg und Sigfrid Schenk von Sterrenberg mit Wald und Weinbergen und einem Viertel des Ortes Bornhofen.

Burg Sterrenberg fällt 1310 an das Reich zurück und kommt in den Besitz des Königs und Pfalzgrafen Ludwig bei Rhein, Herzog von Baiern. Bald verpfändet dieser die Hälfte der Burg, die Hirzenacher Klosterabtei und die Stadt Boppard an den Erzbischof Balduin von Trier, dem „Manne mit dem unruhigen Geist und dem harten Herzen". Wir haben es an anderer Stelle schon gelesen, daß der Pfalzgraf Ludwig nicht nur seine eigenen, sondern auch die Besitztümer seines Bruders Rudolf verpfändete, um seine Wahl zum König durchzusetzen. Erzbischof Balduin von Trier hatte sich dafür eingesetzt. Zum Dank übereignete

Erzbischof und Kurfürst Balduin von Tier 1285–1354

ihm Ludwig auch noch das Zoll- und Münzrecht in Boppard und Oberwesel, das bisher nur dem Reiche vorbehalten war. Mit dieser Übertragung fielen die gesamten fiskalischen Einnahmen aus der Stadt Boppard und ihren Bezirken an das Erzbistum Trier, und der ganze Landesteil wurde der Oberhoheit des Trierer Erzstiftes unterstellt. Als die Bopparder Bürgerschaft ihrem neuen Herrn den Treueid leisten sollte, empörte sie sich, obgleich der König den Erzbischof Balduin ermächtigt hatte, die Stadt mit Gewalt zu zwingen. Balduin versuchte zehn Jahre lang vergeblich, seine Herrschaft zu festigen. Als seine Geduld zu Ende war, rückte er 1327 mit einem Heer gegen Boppard und nahm die Stadt mit Gewalt. Die Einwohnerschaft mußte gedemütigt, die Unterwerfungsurkunde unterzeichnen.

Erst im Jahre 1495 befreite Kaiser Maximilian das immer gärende Boppard „von der kurfürstlichen Gerichtsbarkeit, dem Rheinzoll und der Trier'schen Heeresfolge", was bewirkte, daß die Stadt die von Balduin erbauten Befestigungswerke wieder in eigene Regie übernahm. Mit Boppard wurde auch die Burg Sterrenberg von dem Trierer Joch befreit. Im Jahre 1317 hatte Erzbischof Balduin sie in Besitz genommen. Während der Trierer Herrschaft war 1408 Johann Brömser Amtmann auf der Burg. Sein Sohn Heinrich Brömser, Vicedom im Rheingau, ließ in Bornhofen – dem Wallfahrtsort zu Füßen der Burg – unter Verwendung der Reste einer Basilika aus dem 13. Jahrhundert eine Kirche errichten.

Bis zur Befreiung durch den Erlaß Kaiser Maximilians war Burg Sterrenberg Sitz eines kurtrier'schen Amtmanns. Dann wurde sie wieder Königsburg. Einer ihrer letzten Amtmannen war Coryn von Nassau, dessen schönes und edles Grabmal in der Kirche von Wellmich zu sehen ist. Die Burg verfiel und wird in einer Urkunde aus dem Jahre 1568 als unbewohnbar erwähnt. Man kann annehmen, daß Coryn von Nassau, der 1538 starb, ihr letzter Amtmann war. 13 Familien des Sterrenberg'schen Rittergeschlechts waren Lehensträger auf der Burg gewesen.

Erlebt der Rheinfahrer den erstaunlichen Anblick zweier Burgen auf einer Bergeshöhe in kurzer Entfernung voneinander durch eine Bergmulde getrennt, dann ist gewiß sein erster und erfahrungsgestählter Geistesblitz, das dieses nicht gutgehen konnte! Tatsächlich, es ging auch nicht gut. Doch um diesem harten ungemach eine zartgetönte Färbung zu verleihen, die sich dem sammeten Mondhimmel am nächtlichen Strome einschmiegt, gibt es für die, die auch heute noch weichen und empfänglichen Gemütes sind, eine Sage, die der Bezeichnung „die feindlichen Brüder" gerechter wird als die Wirklichkeit.

Doch eine Sage geistert seit ihrem Verfall durch das Gemäuer und hält die Burgen Sterrenberg und Liebenstein in romantischen Gemütern als „die feindlichen Brüder" lebendig bis auf den heutigen Tag.

Bilderläuterung zu S. 165/166:
Die Auffassung der beiden Figuren ist so unterschiedlich, als hätten zwei Künstler an diesem Werk gearbeitet. Die schöne Gestalt der edlen Frau strahlt Ruhe und Selbstsicherheit aus. Die schmalen Hände sind gefaltet, als wolle sie den Himmel um Geduld mit ihrem Gemahl bitten, dem kleinen Gernegroß mit dem mächtigen Schwert, mit schmalster Taille in schnittiger Rüstung, umhüpft und umhuscht von Fröschen und Eidechsen, die vermutlich die Geistesbeschaffenheit des edlen Ritters darstellen sollen, der der Nachwelt in bewußter Komik überliefert worden ist, wie das auch bei der Grabfigur des selbstbewußten, kleinen fetten Kreuzritters, des Grafen von Diez (1500) der Fall ist.

Amtmann Ritter Coryn von Nassau

IM IAER NA CHRIST GEBVRT 1538 DEN 16. TAG AVGVSTI IST DER EREN-VEST CORYN VON NAS SAV AMPTMAN ZU WELMENICH VND STER RENBERG VERSCHEIDEN DEM GOT GNADE.

Grabmal Ritter Wilhelm von Schwalbach † 1483 und seiner Gemahlin Anna von Leyen † 1483

Ritter von Diez † 1515, Stiftskirche Mainz

Ritter Siegfried von Schwalbach, fiel 1497 im letzten Freiheitskampf um die Stadt Boppard an der Balzpforte. (Karmeliterkirche zu Boppard)

„Das letzte und wohl edelste der rolandmäßigen Grabmale im Typus der breitspurigen Eisenfresser." (Dehio-Gall)

Auf Burg Sterrenberg – die zweite Burg stand noch nicht – lebte ein Graf, ein altersschwacher Recke, mit seinen beiden Söhnen und einer hold erblühten Jungfrau, die ihnen den Haushalt führte, das Stroh auf den Lagern aufschüttete und das Essen für alle mitten auf den Tisch stellte. Es geschah, was in solcher Situation zu geschehen hat: beide junge Männer verlieben sich in die Maid. Die Liebe des jüngeren, lebhafteren und keckeren wurde alsbald erwidert. Der Ältere, Stillere, der dem jüngeren Bruder sehr zugetan war, zog sich verzichtend und leidend in sich selbst zurück. Aber bald konnte er die Nähe der Liebenden kaum mehr ertragen. So kam es, daß die Brüder – beide von edlem Wesen – einander spinnefeind wurden. Da zog der abenteuerliebende jüngere Bruder als Kreuzritter ins heilige Land. Die Zeit verging. Das Mädchen weinte, und der ältere Bruder blieb derweil seinem edlen Charakter treu, und sie dem fernen Geliebten. Als der Held endlich aus fernen Landen heimkehrte, brachte er eine Griechin mit, die er unterwegs geheiratet hatte. dem alten Grafen schwante Böses, und so baute er flugs die zweite Burg, um die Söhne voneinander fernzuhalten. Doch die Treulosigkeit seines Bruders gegen die von ihm immer noch heimlich Geliebte erboste den Älteren so sehr, daß er zum Schwerte griff. Im dramatischen Zweikampf zur nächtlichen Stunde, schlugen sich beide dann gegenseitig tot und nahmen die um ihr Glück betrogene Jungfrau, die sich zwischen die klirrenden Schwerter geworfen hatte, gleich mit ins Jenseits.

Der alte Graf aber starb – wie es in der Wiedergabe der schaurigen Mär heißt – an gebrochenem Herzen „getroffen bis in sein edelstes Mark“.

Heinrich Heine hat die Sage über „die feindlichen Brüder“ aufgegriffen und sie nach seiner Auffassung in Verse gesetzt:

Oben auf der Bergesspitze
liegt das Schloß in Nacht gehüllt;
Doch im Tale leuchten Blitze
Helle Schwerter klirren wild.

Das sind Brüder, die dort fechten
Grimmen Zweikampf wutentbrannt! –
Sprich, warum die Brüder rechten
Mit dem Schwerte in der Hand? –

Gräfin Lauras Augenfunken
Zündeten den Bruderstreit.
Beide glühen liebestrunken
Für die adlig holde Maid.

Welchen aber von den Beiden
Wendet sie ihr Herze zu? –
Kein Ergrübeln kann's entscheiden.
Schwert heraus, entscheide du! –

Und so fechten kühn verwegen,
Hieb auf Hiebe niederkracht's.
Hütet euch, ihr wilden Degen
Grausig Blendwerk schleicht des Nachts!

Wehe! Wehe blut'ge Brüder
Wehe! Wehe blut'ges Tal!
Beide Kämpfer stürzen nieder,
Einer in des anderen Stahl.

Viel' Jahrhunderte verwehen,
Viel Geschlechter deckt das Grab,
Traurig von des Berges Höhen
Blickt das öde Schloß herab.

Aber nachts am Talesgrunde
Wandelt's heimlich, wunderbar
Wenn da kommt die zwölfte Stunde
Kämpfet dort ein Brüderpaar.

Burg Sterrenberg ist bewohnt und die Burgruine kann jederzeit besichtigt werden. Zur Entspannung lädt eine Burggaststätte ein.

Kloster Bornhofen, Burgruinen Liebenstein und Sterrenberg (Feindliche Brüder)

Burg Liebenstein

Auf dem gleichen Felsplateau, gegenüber der Burg Sterrenberg, wurde gegen Ende des 13. Jahrhunderts von Philipp von Bolandens Schwiegersohn, Albrecht von Lewenstein = Liebenstein, der ein natürlicher Sohn König Rudolfs I. von Habsburg war, eine zweite Burg erbaut. Die Wehrmauern der beiden Burgen waren einander zugekehrt, nicht nur zum Schutze ihres ausgedehnten lehensfreien Grundbesitzes (Allodialbesitz), sondern auch gegen den nächsten verwandtschaftlichen Nachbarn, den Herren der Burg Sterrenberg. Der Anlaß zu diesem unfreundlichen Unternehmen war ein Bolandenscher Erbschaftsstreit, Albrecht von Lewenstein glaubte, mit der Errichtung seiner Trutzburg Liebenstein, seinem Schwager Werner von Bolanden, die berechtigten aber verweigerten Vermö-

Doppelgrabmal des Koblenzer Amtmanns Friedrich von Sachsenhausen und seiner Gemahlin Frau Sophie Schenk von Liebenstein, Anfang 15. Jahrhundert, St. Kastor, Koblenz

gensforderungen seiner Gemahlin Luccardis, einer geborenen Bolanden, möglichst eindrucksvoll, wenn nötig handgreiflich vor Augen zu führen. In Anbetracht dieser massiven Tatsache gab Werner von Bolanden nach und erfüllte die gestellten Ansprüche.

1276 saß auf der Burg Sterrenberg der Schwager des Grafen Albrecht von Lewenstein, Graf Heinrich von Sponheim-Tannenfels, dessen Gemahlin Kunigunde von Bolanden war. Sie war Miterbin der Burg Liebenstein. Sie verkaufte im Jahre 1294 nicht nur einen Teil ihres Grundbesitzes, sondern veräußerte auch „für erb und eigen" Burg Liebenstein an die Ritter Sigfrid Schenk von Sterrenberg und Ludwig von Sterrenberg – beide Burgmannen auf Sterrenberg. Der Zusatz „zu erb und eigen" im Verkaufsvertrag mag Anlaß gewesen sein zu den nun folgenden, nicht mehr endenden Streitereien der verwandten Familien. Eines Tages, gegen Ende des 14. Jahrhunderts, wurde zwischen den beiden Burgen die sogenannte „Streitmauer" errichtet. Sie war zu hoch, um sich gegenseitig totzuschlagen, aber nicht zu hoch, daß es der Verwandtschaft unmöglich gemacht worden wäre, über sie hinweg lauthals ihre gegenseitigen Familiensympathien kundzutun.

Aus jahrhundertealtem Verfall ragt die Steinmauer heute noch standhaft und solide empor als Symbol blutiger Familienfehden längst erloschener Geschlechter. Nachdem Burg Liebenstein veräußert worden war, nannten sich ihre neuen Besitzer „von Liebenstein". 1340 teilten sich die von Liebenstein und die Schenke von Liebenstein in den Besitz der Burg. Zu dieser Zeit saßen auf ihr vier Familien als Ganerben, darunter die Brömser von Rüdesheim. In einer Fehde mit den Grafen von Katzenelnbogen, die von alten Pfandrechten herrührte, verteidigte 1369 Giselbert Brömser, Schwiegervater des Gerhard Schenk von Liebenstein, die Burg für dessen Landesherrn, den Erzbischof von Trier, Kuno von Falkenstein. Gerhards Sohn hatte 1390 die Burg im Besitz und war 1408 kurtrierischer Amtmann. Sein Enkel war Johann Brömser, der 1390 im Rheingau die Kapelle „Nothgottes" errichten ließ.

Im Jahre 1423 starben die Schenke von Liebenstein aus. Ein letzter Nachfahr der Grafen von Sponheim-Tannenfels, Nassau von Saarbrücken, vergibt als Lehensherr den freigewordenen Teil der Burg an die von Liebenstein.

Aus der langen Reihe der Burgmannen dieses Geschlechts sind uns nur einige wenige gegenwärtig durch ihre erhaltengebliebenen Grabmäler, deren Gestalten anschaulich persönliche Züge tragen, wie Franss von Liebenstein (1492–1581). In der alten Pfarrkirche zu Kamp war eine Steinkanzel im Jahre 1535 errichtet worden. Da es sich hier um ein Kenotaph handelt, ein Leergrab zum Gedächtnis von Verstorbenen, die verschollen oder in der Fremde beigesetzt worden waren, galt die Inschrift wohl in erster Linie den 1533 Verstorbenen und 1535 erwähnten:

Conrad Schilling von Lansten und
Otto von Lebenstein ihrer beiden Eidam
dochter a. got verstorbe.

Später wurden die Namen eines Ehepaares vorgeführt:

1551 + Margareta von Enschringen
1581 + Franss von Lebenstein, Herr zu Ulmen, die wahrscheinlich die Stifter des Kenotaphs zum Gedächtnis ihrer Verwandten waren.

Im Jahre 1637 stirbt der letzte Herr von Liebenstein. In St. Arnual zu Saarbrücken befindet sich die Familiengruft. Kaiser Fer-

Grabmal Franss von Liebenstein und seine Gemahlin Margareta von Enschringen † 1551 →

Erzbischof von Liebenstein † 1508, Mainzer Dom

dinand II. zieht das freigewordene Lehen an sich und belehnt den Mainzer Kurkanzler, Gerhard Freiherr von Waldenburg, genannt Schenkern. Doch die Mitglieder der Linie Nassau-Saarbrücken widersprechen und präsentieren als Erben des letzten Liebenstein: Herrn von Carben.

Anläßlich des Westfälischen Friedens kommt es 1648 zu einer Einigung. Freiherr

von Waldenburg kommt in den Besitz der schon Ende des 16. Jahrhunderts in Verfall geratenen Burg.
Als Liebenstein unbewohnbar geworden war, wurde die Burg auf der Höhe 1592 zugunsten der Stadtburg in Osterspay am Rheinufer verlassen, die schon seit 1294 reichsritterschaftlicher Besitz der Herren von Liebenstein gewesen war.

Im Jahre 1783 wurden Erbnachfolger der Burgen Liebenstein und Osterspay die Freiherren von Preusschen, die noch heute in ihrem Besitz sind.

Franz Friedrich von Liebenstein, Grabmal St. Arnual

Burgschenken auf Liebenstein (im gotischen Turm) und Sterrenberg, Besichtigung. Der jetzige Besitzer der Burg, Freiherr Rudolf von Preusschen, ließ 1977/8 Restaurierungsarbeiten auf Burg Liebenstein vornehmen.

Marksburg

Der Ort Braubach am Fuße des Burgberges wurde im siebenten Jahrhundert (691/92) erstmals als „Brubach" erwähnt. Anfangs eine Wehranlage, die möglicherweise sogar auf ein römisches Castrum zurückgeht, denn dieser Platz war als Straßensicherung für den aus dem Taunus hier ins Rheintal mündenden Fahrweg von großer Bedeutung. Daß bei Braubach sich eine alte Befestigung befunden hat, ergibt sich auch daraus, daß die nördliche, an den Friedhof grenzende Flur noch heute die Bezeichnung „alte Burg" führt.

Mit dem beginnenden Mittelalter wurde es üblich, Festen auf Bergeshöhe zu errichten. Somit trat an Stelle der „alten Burg" im Tal die „neue Burg Braubach" auf der Höhe. (Das Jahrhundert ihres Entstehens verliert sich im Schatten der Vergangenheit.) Es wird vermutet, daß die Grafen von Arnstein, die schon 1052 auf ihrer Burg im Lahntal saßen, auch die Erbauer der Burg Braubach – heute Marksburg genannt – waren. Die Baugeschichte weist darauf hin, daß die Burg um 1100 oder noch früher erbaut wurde. Es sind vier Bauperioden, die sie gestalteten: um das Jahr 1200, An-

Marksburg über Braubach

fang des 14. Jahrhunderts, um die Mitte des 17. Jahrhunderts und zu Beginn des 18. Jahrhunderts. Unzerstört bietet sie ein Musterbeispiel vergangener Wehr- und Wohnkultur. Obgleich sie 1945 durch amerikanischen Artilleriebeschuß schwer getroffen wurde, steht sie heute, wie niemals versehrt, eine Augenweide in einer Landschaft, die ihrer Schönheit entspricht. Hoch über dem Städtchen Braubach erhebt sie sich auf einem steilen,bewaldeten Felskegel mit ihrem auf engem Hof erbauten, über einem Gewirr von Bauten, steilen Dächern, Erkern und Türmchen emporstrebenden Bergfried von neununddreißig Meter Höhe. Wie ein Fanal stößt er in den Himmel hinauf, gekrönt von einem auf Rundbögen vorkragenden Stockwerk mit einem Umlauf, auf dem ein kleiner runder Aufbau sitzt. Wie eine Krone umschließt eine Zinne das Haupt des Bergfrieds.

Wer die Fahrstraße zur Burg hinan vermeiden will, benutzt den steilen Pfad zur Nordbastei hinauf. Er mündet an der Begräbnisstätte der Familie des Geheimrats Ebhardt. Eine Inschrift kennzeichnet das Grab des Architekten, Burgenforschers und Bewahrers der Marksburg: Professor Bodo Ebhardt (5. 1. 1865–13. 11. 1945). Er begründete 1899 die „Vereinigung zur Erhaltung deutscher Burgen“, der wir den Wiederaufbau und die Pflege der Burgen am Rhein und besonders der Marksburg verdanken. Der Zugang zur inneren Burg ist durch vier Tore und einen Tunnelgang von 25 Meter Länge aus der Zeit des 30jährigen Krieges gesichert. Auffallend ist der Palas auf dem Hof, auf dem sich der Bergfried erhebt. Das Erdgeschoß des Palas enthält über einem überwölbten Vorratskeller die Burgküche. Sie ist eine der Sehenswürdigkeiten der Burg. Der Kapellenturm an der Südecke, am Palas anschließend, trägt den Namen „Heinrichsturm“ zur Erinnerung an Kaiser Heinrich IV., der im Jahre 1105 auf der Burg Zuflucht gefunden haben soll, nachdem er durch Verrat die Krone an seinen Sohn verloren hatte, der ihm so viel Unglück, Verfolgung, sogar Gefangenschaft und letztlich im Jahre 1106 auch den Tod brachte. Doch diese Überlieferung ist eine Legende, denn in jener düsteren Zeit stand wahrscheinlich die Burg noch nicht, aber bestimmt nicht der Kapellenturm. Dieser enthält die Burgkapelle, ehemals dem hl. Markus geweiht, nach dem Burg Braubach später den Namen „Marksburg“ erhielt.

Von der Burgeinrichtung, wie sie früher vorhanden war, hat sich kaum etwas erhalten. Was heute zu sehen ist an Waffen, Foltergeräten, Möbelstücken und anderem, wurde erst in jüngster Zeit zur Ausstattung der Burg verwandt, um die damaligen Verhältnisse anschaulich zu machen. Im Jahre 1117 wurde zum ersten Male das Geschlecht derer von Brubach erwähnt. Zu Beginn des 13. Jahrhunderts war Burg „Brubach“ pfalzgräfliches Lehen und befand sich im Besitz der Herren von Eppenstein (Eppstein), aus einem angesehenen Geschlecht, das vier Mainzer Erzbischöfe stellte und seinen Stammsitz auf Burg Eppenstein im Taunus hatte. Erst sichere Kunde gibt uns ein Brief des Grafen Gottfried von Eppenstein aus dem Jahre 1231 an seine „geliebten Bergmannen zu Brubach“!

Im Jahre 1276 wurde der am Fuße des Burgberges gelegene Ort Brubach (später Braubach) zur Stadt erhoben. Die Burg Braubach kam 1283 an den Grafen Eberhard I. († 1311) von Katzenelnbogen durch seine Gemahlin, der Erbtochter des Grafen von Eppstein. Eberhard erhielt zugleich auch die Rechte auf die Blei- und Silbervorkommen in der Nähe des Burgberges, die ihm 1301 urkundlich bestätigt wurden. Die Grafen von Katzenelnbogen verstanden es, ihre Macht zu verstärken und auszudehnen. Die Reichsmatrikel von 1422 nennt sie

Marksburg um 1800

Marksburg

Marksburg

unter den Grafen des Reiches an dritter Stelle.

Graf von Eppstein ermächtigte Eberhard von Katzenelnbogen „einen Teil der Burg an sich zu bringen, wenn nötig mit Waffengewalt". Eberhard I. glaubte ein Anrecht auf Burg Braubach zu haben, wobei er sich auf die Erbrechte seiner Frau Elisabeth berief, der Tochter Gerhards III. von Eppstein und dessen Gemahlin Elisabeth von Nassau. Nach den Regesten der Grafen von Katzenelnbogen bekundete am 17. Oktober 1283 Gerhard von Eppstein, daß „Graf Eberhard I. von Katzenelnbogen alle Güter, die Friedrich von Schönberg, Siegfried Schenk von Sterrenberg, Jakob von Huneschwin und Ludwig von Aare von ihm pfandweise als Lehen von Burg und Stadt Braubach besitzen, von ihnen einlösen und zurückkaufen kann, vorausgesetzt, daß die genannten Lehensmänner das Rückkaufgeld in anderen Gütern anlegen, die von Gerhard und dessen Erben zu Lehen gehen sollen". (Regesten Bd. I, Nr. 270).

Die Grafen von Katzenelnbogen hatten sich 1260 in zwei regierende Linien geteilt: die ältere Hauptlinie auf Burg Rheinfels, die Graf Diether IV. († 1276) erbaut hatte, und die jüngere Linie mit Eberhard I. († 1311) als ihrem Begründer. Er ließ sich den neuen Besitz von Ort und Burg Braubach 1293 als pfalzgräfliches Lehen und im Jahr darauf das Stadtrecht von Braubach durch König Adolf von Nassau bestätigen.

Bis zum Jahre 1479 blieben die von Katzenelnbogen Besitzer von Burg und Stadt. In diesem Jahr starb mit Philipp d. Älteren das machtvolle und rührige Geschlecht im Mannesstamm aus. Er wurde im Kloster Eberbach beigesetzt. Der Grabstein, der ihn in Rüstung mit Schild und Wappen zeigt, ist erhaltengeblieben trotz der schweren Zerstörungen, die das Kloster im zweiten Weltkrieg erlitten hat. Unter diesem letzten männlichen Sproß seines Geschlechts wurde 1437 die in spätromanischem Stil erbaute Kapelle auf der Burg wieder hergestellt und aufs neue dem St. Markus geweiht. Der Name des Heiligen übertrug sich dann auf die ganze Burg.
Die Erben der ausgedehnten Grafschaft Katzenelnbogen waren die Landgrafen von Hessen, denn Philipps d. Älteren Tochter Anna von Katzenelnbogen war seit 1458 – sie starb 1494 – mit dem Landgrafen Heinrich von Hessen verheiratet.

Als im Jahre 1567 Philipp der Großmütige von Hessen starb, vererbte er seinen ausgedehnten Besitz an seine vier Söhne. Als sein zweitjüngster Sohn Philipp II. sein Erbe auf Rheinfels antrat – weil Du so gerne Wein trinkst – erhielt er auch Burg und Stadt Braubach. Er bestimmte die Burg zum Witwensitz seiner Gemahlin und ließ 1568–71, da ihm die Marksburg nicht mehr wohnlich genug erschien, am Fuße des Burgbergs, am Rheinufer das Schloß „Philippsburg" erbauen, eine ausgedehnte Renaissanceanlage von reizvoller architektonischer Gestaltung.

Nachdem Philipp II. 1583 kinderlos gestorben war, und sein Bruder Ludwig IV. 1604 ebenfalls ohne Nachfolger starb, blieben als Erben nur noch die Linien Kassel und Darmstadt übrig. Zwischen ihnen standen in der Folge jahrelange erbitterte Streitigkeiten um den Besitz von Marksburg und Braubach und um die Höhe der jeweiligen Erbanteile. Immerhin, dank der klugen Politik ihrer sonst so streitsüchtigen Burgherren, wurde die Marksburg als einzige Burg am Rhein nie zerstört.

Im Jahre 1627 fiel die Marksburg an Hessen-Darmstadt. Ihre Besitzer waren sehr auf ihre Erhaltung bedacht in Anbetracht der veränderten Kriegsführung mit ihren neuen, wirksameren Waffen. Doch der dreißigjährige Krieg brachte Unheil über das Rheinland durch die wiederholten Durchzüge von wilden, spanischen Söldnern und den Truppen Wallensteins. Die geschlagenen, verängstigten Einwohner und Bauern fanden Zuflucht auf der hochgelegenen Burg; doch Elend und Pest nahmen auch von ihr Besitz. Es mangelte an allem, besonders an dem notwendigen Geld, um die Marksburg wehrhaft zu erhalten. Sie verfiel zusehends. Da war es eine glückliche Fügung, als 1643 der Landgraf Georg II. durch Verpfändung Burg und Stadt seinem Bruder Johann dem Streitbaren abtrat. Dieser ließ die Marksburg völlig renovieren, mit modernen Feuerwaffen bestücken und die Wehranlagen ausbauen und verstärken. Es entstanden der Tunnel hinter dem Zugbrückentor in einer Länge von 25 Metern und feste Außenwerke wie das „Scharfe Eck", das „Pulvereck" und das Außentor als widerstandsfähige, schützende Bastion.

Beim Umbau fand man in einem der tiefen Gewölbe der Burg ein großes Lager uralter Pfeilspitzen, Bogen und mittelalterliches Kriegsgerät, die von Kämpfen und Belagerung der Burg Zeugnis ablegen. Über die geschichtlichen Ereignisse, die sich damals abspielten, gibt es indessen keine Überlieferung.
Johann der Streitbare residierte von 1643–51 im Schloß Philippsburg. Nach seinem Tode fielen Marksburg und Braubach an die Landgrafen von Hessen-Darmstadt zurück.

Als im 18. Jahrhundert bleischwere Wolken am unheilträchtigen Himmel der Politik neue kriegerische Zeiten kündeten, blieb die Marksburg von Überfällen und Zerstörungen verschont. Erst in unserem Jahrhundert erhielt sie 1945 schwere Artillerietreffer, die jedoch mit viel verständnisvollem Bemühen und Opferwillen behoben wurden. So ist dieses stolze Bauwerk – allen Gewalten zum Trotz – erhalten geblieben.

Seit 1899 ist die Marksburg burgenkundliches Museum und beherbergt in ihren Räumen das deutsche Burgenforschungsinstitut (mit Archiv und Bibliothek), eine Einrichtung der „Deutschen Burgenvereinigung", die sich die Erhaltung der Burgen in ihrem äußeren Bestand zur Aufgabe gemacht hat, zugleich aber auch das historische Interesse zu wecken und darüber hinaus die in der deutschen Seele verborgene, echte Sehnsucht nach einer innerlichen Verbundenheit mit den Burgen, ihren Landschaften und der edlen Ritterzeit lebendig zu erhalten.

Der Sitz der „Vereinigung" in einer der schönsten Burgen in der herrlichen Landschaft des Mittelrheins wirkt wie ein Aufruf zu diesen idealen Zielen. Besichtigung ganzjährig; nach Bestellung „Rittermahl" aus der Burg-Küche; Burgschenke.

Burg Stolzenfels

Burg Stolzenfels wurde von dem Trierer Erzbischof Arnold von Isenburg (1242–59) erbaut, einige Kilometer von seiner Festung Ehrenbreitstein und der Stadt Koblenz entfernt. Es ist eine Urkunde aus dem Jahre 1248 erhalten, in der ein Ritter „Burggravius de Stulzenfels“ als Zeuge erwähnt wird. Die Burg lag an einer günstigen Stelle des hier sehr schmalen Rheinstroms. Sie beherrschte nicht nur diesen, sondern auch die Mündung der Lahn. Der Propst Werner von St. Kastor in Koblenz hatte zum Bau der Burg eine große Summe vorgestreckt. Als Sicherheit wurde ihm die Burg verpfändet, bis des Erzbischofs Nachfolger, Erzbischof Henrich, sie im Jahre 1262 wieder einlöste.

1324 gab der Trierer Erzbischof Balduin Burg Stolzenfels dem Ritter Eberhard Brenner von Lahnstein zu Lehen, zugleich mit der Stadt Lahnstein.

In der Regierungszeit Kunos von Falkenstein – von 1362–1388 Erzbischof – wurde Stolzenfels ansehnlicher gestaltet, wenn sie auch nie ein größeres Ausmaß erreichte. Sie war in der Hauptsache Zollburg und diente als Grenzschutz gegen das Mainzer Erzbistum, das auf der gegenüberliegenden Rheinseite die Burg Lahneck und eine Stadtburg in Lahnstein besaß. Außerdem waren nicht weit entfernt Kaub und der Pfalzgravenstein, eine beachtliche Konkurrenz, und in der Nähe Brauchbach, Besitz der Pfalzgrafen.

Die Burg Stolzenfels verlor an Bedeutung, als der Kurtrierer Zoll rheinabwärts nach Koblenz und Ehrenbreitstein verlegt wurde. Von dieser Zeit an nahmen die Trierer Erzbischöfe gerne Privatquartier in der reizvoll gelegenen Burg.

Der Erzbischof Werner von Königstein († 1418) lebt in der Sage als Alchimist auf Stolzenfels. Er hat dort seine Experimente gemacht und legte außerdem auf der Burg

Stolzenfels 1841 über Kapellen

einen Weinberg an, der sonnengoldene Früchte trug.

Die ursprüngliche Burg Stolzenfels bestand aus einem fünfeckigen Turm, emporragend auf der höchsten Stelle eines steilen Felsens. Den Turm krönte ein Zinnenkranz mit einem kleinen, giebeligen Wächterhäuschen. Eine Wehrmauer umschloß den Turm. An der Nordseite der Mauer, die den Felsabhang abriegelte, stand der älteste Wohnbau, zwei Stockwerke hoch. An der Nordecke wurde er von einem vorspringenden Rundturm flankiert. Kleine Nebengebäude schlossen sich an. Hinter dem Halsgraben – ein Graben zwischen Hof und tiefem Burggraben – stand ein bescheidener Torturm mit einem kleinen Wachthaus. Durch die Toreinfahrt gelangte man in den Vorhof. Dieser wurde von einer hohen Schildmauer begrenzt. Ringmauern, von Rundtürmen verstärkt, sicherten besonders die Wohnbaulichkeiten, den Zwinger und den Garten. Die mittelalterlichen Bauten hatten sehr steile und hohe Dächer. Die Räume waren groß und hoch, aber dunkel, denn die Fenster bestanden nur aus kleinen Öffnungen zwischen starken Mauern.

1632 eroberten die Schweden Burg Stolzenfels. Dann wurde sie 1646 von den Franzosen besetzt, die sie bei der Belagerung von Koblenz nach beliebter Methode einäscherten. Was von ihren brandgeschwärzten Mauern dem Feuer standgehalten hatte, diente späteren Zeiten als Steinbruch. Erst nachdem die Ruine Besitz der Stadt Koblenz geworden war, erwarb sie Kronprinz Friedrich Wilhelm von Preußen im Jahre 1823 und ließ sie nach Schinkels Plänen und denen des preußischen Landbaumeisters I. C. von Lassaulx in goti-

Schloß Stolzenfels vor dem Wiederaufbau

Erzbischof Werner von Königstein † 1418, Neffe Kunos von Falkenstein, St. Kastor, Koblenz

schem Stil wieder aufbauen als Residenz der fürstlichen Familie.

Auf den Resten der Burg Stolzenfels erhebt sich nun das stolze Schloß gleichen Namens. Der herbe Reiz der mittelalterlichen Wehrhaftigkeit war bei der Umgestaltung verlorengegangen. Das romantische 19. Jahrhundert hatte nicht die harte und sachliche Zweckdienlichkeit einer Burg wiederbeleben können, die in erster Linie der Verteidigung und Wachsamkeit galt und ihren Bewohnern ein karges, für unsere Begriffe entbehrungsreiches Dasein bot. Schloß Stolzenfels erstand im weichen Schmelz einer gefühlsbetonten Zeit. Die dekorativen Ausschmückungen der Räume, der Reiz der überraschenden Fülle von Winkeln, Türmchen und Zinnen, die gesamte künstlerische Ausgestaltung sind Zeugnis der Kulturauffassung des romantischen 19. Jahrhunderts. Der Bau, wie er sich uns heute darbietet, ist so weit entfernt von den Zeitläuften, in denen Schloß Stolzenfels als Burg seine historische Bedeutung hatte, daß er uns fast anmutet wie das Tanzgebilde verspielter, schwärmerischer Geister auf dem vernarbten Boden einer längst vergessenen, in diesem freundlichen Bilde nicht mehr zu erfassenden herben Vergangenheit.

Die Burg wird von April bis Oktober angestrahlt, Besichtigung ganzjährig.

Burg Stolzenfels

Burg Lahneck über Oberlahnstein

Lahnstein war schon um das Jahr 800, zur Zeit Karls des Großen, Königshof und im Jahre 1324 zur Stadt erhoben und befestigt worden, und blieb bis zum Jahre 1803 Kurmainzer Besitz.

An der Lahnmündung stießen die Länder der drei Kurfürstentümer Köln, Trier und Mainz zusammen. Und hier, auf einem sorgfältig zugehauenen Felsen, liegt Burg Lahneck.

Sie war die am weitesten nach Norden vorgeschobene Feste des Mainzer Erzbistums am Rhein zur Sicherung seines Gebietes und der Zollstelle. In der Mitte einer 3,50 Meter starken Schildmauer, die von Rundtürmen abgeschlossen war, reckt sich auch heute noch der Hauptturm mit fünfeckigem Grundriß zu beachtlicher Höhe auf. Die ca. 9 Fuß dicken Mauern der Burg Lahnecke oder Loynecke gaben Zeugnis, wie stark und trutzig sie in ihren heldischen Zeiten gewesen war. Tiefe Abstürze und Gräben hatten ihr eine Wehrkraft verliehen, die sie in älteren Zeiten uneinnehmbar erscheinen ließ. Im Jahre 1224 wird sie das erste Mal urkundlich erwähnt. 1240 begann der Erzbischof Sigfrid III. mit dem Ausbau dieser Kernburg, nicht zuletzt zum Schutze des Silberbergwerks, mit dem sein Vorgänger vom Kaiser belehnt worden war. Er gab der Burg den Namen Lahneck. Ihr neuer Burgmann war der Ritter Embricho von Loynecke, der noch den Namen der Kernburg trug.

An der Ostseite der Ringmauer, dem schönen Burgtor gegenüber, wurde 1386 eine Kapelle errichtet, die, zum Teil in die Außenmauer gebaut, sich über gähnende Tiefe hinausschiebt. Der ganze Burgbereich ist von einem tiefen Graben schützend umge-

Burg Lahneck

Lahneck, Tor zum Halsgraben

Burg mit Kapelle

ben, soweit er sich nicht über dem steilen Abfall zur Lahn befindet.

Der Mainzer Erzbischof Gerhard II. erhielt 1292 das Vogteirecht über „Burg und Zubehör“ auf Lebenszeit zum Dank für seine Bemühungen bei der Königswahl Adolfs von Nassau, der dann einige Jahre später im Kampfe gegen seinen Rivalen Albrecht von Oesterreich fiel.

Durch großzügige Fürsorge der Mainzer Erzbischöfe gelangten der Ort Lahnstein und Burg Lahneck zu bedeutendem Wohlstand und Ansehen. Der Erzbischof Wernher von Eppstein hatte 1273 auf der Burg einen Freundschaftspakt mit dem Pfalzgrafen Ludwig II. Herzog von Bayern (Burg Staleck) geschlossen. Unter dessen Sohn und Nachfolger, dem späteren König und Kaiser Ludwig dem Baiern, wurde ein neuer und ergiebiger Zoll angelegt, eine Einrichtung, die unter Ludwig zum Aufschwung und zur Blüte von Stadt und Burg erheblich beitrug. So wurde Lahneck bevorzugter Sitz der Erzbischöfe von Mainz, zumal auch die herrliche Lage zum Aufenthalt verlockte.

In einer Urkunde Kaiser Karls IV. aus dem Jahre 1378 wird erstmalig ein „Burggraf“ auf Lahneck erwähnt. Doch schon hundert Jahre früher saßen als Erbburgmannen Graf Johann von Sayn und 1296 ein Graf Wilhelm der Jüngere von Katzenelnbogen auf Burg Lahneck und ein Burgmann, der beziehungsvollerweise „Raubsack“ hieß. Der immer wilder ausartende Ungeist zügelloser Gewalttätigkeit, Eigensucht und Unbotmäßigkeit veranlaßte das Mainzer Erzstift, eine wachsende Anzahl Burgmannen gleichzeitig auf die Burg zu setzen. Dadurch wurde eine größere Sicherheit garantiert, weil alle Burgmannen hier zu Lehen saßen, gleiche Pflichten sie verbanden, und sie sich darum gegenseitig „scharf“ auf die Finger sahen. Alle Burgmannen waren wehrpflichtig, hatten anwesend zu sein und für einen glänzenden Hofstaat zu sorgen, wenn ihr Lehensherr, der Erzbischof, die Burg besuchte. Nicht nur die Burggrafen, auch die geistlichen Herren waren prunkliebend und streitlustig. Graf Diether von Isenburg (1412–1482), seit 1459 Erzbischof von Mainz, verlieh der Burg, da er häufig auf ihr Hof hielt, durch Umbau und Ausschmückung ein künstlerisches und glanzvolles Gepräge. Bezeichnend für ihn ist, daß er die Universität in Mainz gründete. Des Erzbischofs Gäste strömten auf Lahneck zusammen. Sie brachten nicht nur rege Betriebsamkeit auf die Burg, sondern auch Reichtum in die Stadt Lahnstein.

Graf Diether von Isenburg, ein äußerst kriegerischer Kirchenfürst, hatte eine lange, erbitterte Fehde mit dem Gegenerzbischof Adolf von Nassau um das Erzstift Mainz geführt. Isenburg hatte sich als Erzbischof von Mainz dem Kurfürsten von der Pfalz angeschlossen und dem Papst die Palliengelder verweigert („Palliengelder: eine dem Papst zu zahlende Taxe für eine weißwollene mit sechs Kreuzen bestickte, etwa 6–7 cm breite Schmuckbinde, die über die Schulter getragen wird und vom Papst an Metropoliten, Erzbischöfe und Bischöfe verliehen wurde.“).

Unter dieser Bistumsfehde hatte wieder das Volk zu leiden und machte sich in bitterer Anklage Luft:

„Sente Martins Mantel ist sere verletzt,
Zurissen und zubrochen,
Is muste eyn guter snider syn,
Der on solde widder mochen„

Erzbischof Graf Diether von Isenburg wurde seines Amtes enthoben und mußte 1461 zugunsten Adolfs II. von Nassau verzichten. Dieser verpfändete schon im nächsten Jahr Burg Lahneck – und gab noch den vierten Teil des Zolls von Lahnstein dazu – an den Erzbischof Johannes von Trier. Diether von Isenburg, nicht nur fromm und streitbar, sondern auch listig wie ein Fuchs, hatte sich beizeiten mit Hilfe der Burgbesatzung, die ihm wegen seiner Freigebigkeit, Prachtliebe und Lebenslust völlig ergeben war, auf Burg Lahneck festgesetzt und wich und wankte nicht in seinem erlisteten Bau. Der Erzbischof von Trier sah sich nun um den Besitz seines Pfandrechts betrogen und versuchte, den seßhaften Fuchs auszuräuchern, erlitt aber eine schmähliche Niederlage. Auf seinem eiligen Rückzug wurde er von den Lahneckern überfallen und so zerzaust, daß die Flüchtenden gänzlich zersprengt wurden oder in Gefangenschaft gerieten.

Nicht Gerechtigkeit, sondern das Glück Diethers von Isenburg und das Pech des Erzbischofs von Trier bewirkten, daß letzterer nicht mehr in den Genuß der Burg Lahneck kam.

Als der Erzbischof von Mainz, Adolf II. von Nassau, der Widersacher Diethers von Isenburg, gestorben war, nahm dieser seinen alten Platz auf dem erzbischöflichen Stuhl wieder ein und die Burg Lahneck blieb in Mainzer Besitz.

Bei den Aufenthalten auf seiner Burg Stolzenfels verspürte der geprellte Erzbischof von Trier ein säuerliches Mißbehagen, wenn er die gegenüberliegende Burg Lahneck vor Augen hatte.

Nach mancherlei Fehden und persönlichen Machtkämpfen wirbelten im Jahre 1646 die Unwetter des 30jährigen Krieges auch um die Mauern der Burg Lahneck. Sie hatte vierhundert Jahre lang allen Wiederwärtigkeiten unverdrossen standgehalten. Aber nun mußte sie sich beugen vor den Errungenschaften neuer Kriegstechnik. Doch ihr Schicksalsjahr war 1689. Sie geriet in den Sog des dritten pfälzisch orleans'schen Raubkrieges und ging darin unter.

1850 kam die Ruine Lahneck in Privatbesitz der Familie von Preuschen, wurde restauriert und eine friedliche, fast anmutige Sehenswürdigkeit. Die Kapelle aus dem 14. Jahrhundert mit einer Sammlung interessanter Stücke, die mit viel Einfühlung von bewährten Händen zusammengetragen wurde, und das Museum, reichhaltig und wertvoll, vermitteln einen Eindruck von Kulturgestaltung, künstlerischem Schaffen und Waffentechnik aus vergangenen Jahrhunderten. Die Besichitgung ist ganztägig in der Zeit von Ostern bis Oktober möglich. Auf der Freilichtbühne finden im August und September Burgfestspiele statt. Die Burgschänke ist ganzjährig geöffnet.

Ehrenbreitstein

Über den Aufstand und die vernichtende Niederlage der Treverer – eines keltischen Volkes mit germanischem Einschlag – im Jahre 70 n. Chr. bei Bingen, berichtete der Weltmann, Gelehrte und Dichter Decimus Magnus Ausonius 300 Jahre später. Die Römer legten zwischen Rhein und Donau eine Reihe von Befestigungen, einen Grenzwall, den Limes. Ihr erstes aus Stein erbautes Hauptkastell stand am Fuße des schroffsten Mittelrheinfelsens, auf dem ein Signalturm errichtet wurde, gegenüber dem jenseits des Rheins gelegenen Kastell an der Moselmündung, dem heutigen Koblenz. Nachdem der römischen Herrschaft durch die Völkerwanderung um 400 ein Ende bereitet worden war, tauchte erst im 10. Jahrhundert der stattliche Felsen aus dem Dunkel der Vergessenheit wieder empor. Ein Fürst aus salisch-konradiner Geschlecht, Erembertus, schuf sich auf der steilen Höhe, wo einstmals der römische Signalturm stand, einen burgenähnlichen Sitz und nannte ihn nach der Deutung seines Geschlechternamens „Ehrenbreitstein“. Eine Tatsache, die urkundlich aus dem Jahre 1019 verbürgt ist. Im Verlauf ihrer Geschichte wurde diese Burg Kurtrierer Besitz.

er erste Trierer Erzbischof, der sich mit Ehrenbreitstein befaßte, war Hillin (1152–69). Er erweiterte und befestigte die Burg und errichtete auf den uralten Fundamenten einen mächtigen Bergfried. Auf einer dem Burgberg vorgelagerten Bergkuppe baute er einen zweiten Turm, den er im Jahre 1161 einem seiner Getreuen übereignete. Dieser nahm den bezeichnenden Namen „Helfenstein“ an, ein Geschlechtername, der sich über vierhundert Jahre bewährte. In Notzeiten mußte der Helfensteiner der Burg Ehrenbreitstein treulich zur Seite stehen. Im 16. Jahrhundert starb das Geschlecht derer von Helfenstein aus.

Die Burg wurde Residenz der Kurfürsten von Trier. Die am gegenüberliegenden Ufer des Rheins gelegene Stadt, das heuti-

Ein Schiff wird getreidelt

Ehrenbreitstein

ge Koblenz, war in Römerzeiten „Stationsort“ gewesen, der den Namen „Confluentes“ trug, nach dem Zusammenfließen der beiden Ströme Rhein und Mosel. Nach den Stürmen der Völkerwanderung kam der Ort unter fränkische Herrschaft. Die Karolinger erbauten auf den Trümmern des Römerkastells eine Königspfalz. Hier hielten sie Hof und versammelten die Großen des Reichs zu Fürstentreffen, die prunkvoll tagten.

Auch Ludwig der Deutsche, Enkel Karls des Großen, hielt sich im Jahre 823 in der Königspfalz auf. Der glanzvollen Zeit der karolingischen Herrscher verdanken wir die Kirche St. Kastor zu Koblenz. 836 wurde diese dreischiffige Pfeilerbasilika von dem Trierer Erzbischof Hetti geweiht. In ihrem Vorhof, wo die Reichsversammlungen stattfanden, wurde im Jahre 842 auch die unheilvolle Dreiteilung des Reiches unter die miteinander verfeindeten drei Enkel Karls des Großen ausgehandelt. Im Ausgang des Jahres 1018 schenkte Kaiser Heinrich II., der Heilige (973–1024), für sein und seiner Gemahlin Kunigunde Seelenheil den Königshof Koblenz mit allen seinen Gütern dem Erzstift Trier. So wurde Koblenz trierische Stadt und blieb es bis zur Auflösung der Kurstaaten durch Kaiser Napoleon.

Die Burg Ehrenbreitstein, auf der gegenüberliegenden Rheinseite gelegen, wurde wohnlicher ausgestaltet. Sie bekam eine eigene Kapelle, die von einem Geistlichen betreut wurde. Die Burg wurde immer weiträumiger, trutziger und ansehnlicher. Im 15. Jahrhundert war sie Residenz der Trierer Kurfürsten. Durch die Erfindung des Schießpulvers und die veränderte Kriegstechnik ergab sich die Notwendigkeit, die Bauweise der Burg noch mehr zu verändern. Sie mußte den neuen Forderungen angepaßt werden und zu einer widerstandsfähigen Festung werden, was auf Kosten ihrer Wohnlichkeit und Bequemlichkeit geschah. Gegen Ende des 15. Jahrhunderts wurde die Burg unter dem Kurfürsten Johann II. mit Gräben, hohen Mauern und Bastionen versehen.

In der Zeit seiner strengen Herrschaft erlebte Burg Ehrenbreitstein noch manch rauschendes Fest. Doch die Restaurierung des alten Gefängnisturmes und flüsternd verbreitete Gerücht über schreckliche Vorgänge hinter seinen düsteren Mauern erweckten bei Gästen und der Bevölkerung Unbehagen und Furcht, zumal ein Mitglied der Familie der Grafen von Schönburg, der finstere Graf Johannes, der als unbarmherziger Hexenverfolger, einen bösen Ruf genoß, Daueraufenthalt auf Ehrenbreitstein nahm.

Die Einrichtung von Pulvermühlen im Burgbereich, das Gehämmer in den Werkstätten für Kriegsgerät degradierten nach und nach den feudalen Herrensitz zu einer militärischen Anlage. An Stelle der Zisterne ließ Kurfürst Johann 1484 einen Brunnen graben, der 56 Meter tief in den Felsen hinabgebohrt wurde, bei den Möglichkeiten der Bautechnik damaliger Zeit eine einmalige, bewundernswerte Leistung.

Für die Uneinnehmbarkeit der Feste Ehrenbreitstein haben zu allen Zeiten Baumeister ihr Möglichstes geleistet an Umbauten, Verstärkungen und Erweiterungen. In ihrer langen, ereignisreichen Geschichte fiel Ehrenbreitstein nur zweimal in Feindeshand, und das nur durch Verrat.

Der Trierer Kurfürst Philipp Christoph von Sötern erbaute während des 30jährigen Krieges am Fuße des Steilfelsens der Festung ein prächtiges Schloß, denn für einen Daueraufenthalt der Erzbischöfe war das wichtige Verteidigungswerk Ehrenbreitstein nicht mehr geeignet. Der Schloßbau verschlang ungeheure Summen, ebenso die

Realisierung weiterer Pläne des prunkliebenden Fürsten. Das Volk stöhnte unter der Steuerlast. Dazu kam das beängstigende Näherrücken der mit dem Kaiser verbündeten Spanier und der in Deutschland eingefallenen Schweden. Es kam zur offenen Rebellion. Angesichts der Hoffnungslosigkeit seiner Lage, griff Kurfürst von Sötern zu einem letzten verzweifelten und schändlichen Mittel. Er spielte 1632 die Burg Ehrenbreitstein den Franzosen in die Hände und gewährte den Schweden freien Durchgang durch das Land. Die Spanier machten sich in Koblenz breit, und von Sötern flüchtete auf die Feste Ehrenbreitstein unter den Schutz der Franzosen, mit denen er sympathisierte. Ungeachtet der Not der ausgelieferten Bevölkerung, rief er die Schweden zu seiner Rettung herbei. Diese belagerten die unglückliche Stadt und drängten am 1. Juli 1632 die Spanier hinaus. Als Judaslohn erhielt der Kurfürst die Stadt Koblenz zurück, während die Franzosen noch vier Jahre auf der Feste Ehrenbreitstein hausten, dann mußten sie 1636 den anstürmenden kaiserlichen und bayerischen Truppen weichen, die Koblenz einnahmen und das zu Füßen des Burgbergs gelegene Städtchen in Schutt und Asche legten. Die Festung auf der Höhe fiel durch Verrat und Aushungerung. Sie mußten sich dem kaiserlichen Reitergeneral Jean de Weert ergeben. So kam Ehrenbreitstein wieder in deutschen Besitz.

Inzwischen hatte sich Kurfürst von Sötern vom blutgetränkten Tummelplatz vielsprachiger Heerhaufen abgesetzt und eiligst nach Trier begeben, um einem Schicksal auszuweichen, das ihn aber dort ereilte: Die Kaiserlichen nahmen ihn 1635 gefangen und hielten ihn zehn Jahre lang in Wien in Haft. Im Jahre 1645 durfte er nach Ehrenbreitstein zurückkehren, erhielt aber in Carl Caspar von der Leyen einen Coadjutor. Dieser war ein aufrechter, kaiserlich gesinnter Mann, ein kluger Kopf und gewitzter Diplomat. Er verstand es, den großen ihm untergeordneten Bereich aus allen Wirrnissen der unruhigen Zeit herauszuhalten. – Der Kurfürst von Sötern starb 1652 auf der Festung Ehrenbreitstein, die immer noch in Händen der Kaiserlichen war.

Erst zu Beginn des 18. Jahrhunderts war sie wieder in kurfürstlichem Besitz, unter Franz Ludwig von der Pfalz. Er förderte den Festungsbau erheblich. Balthasar Neumann (1687–1753), Erbauer der Würzburger Residenz, Ingenieur, Artillerist und bedeutendster Baumeister seines Jahrhunderts, legte eine neue Befestigungslinie an. Ehrenbreitstein – wuchtig wie ihr Name – wurde zu einem mächtigen, verteidigungsstarken und trutzigen Komplex, der diesen Charakter bewahrt hat bis zur heutigen Zeit.

Die Festung Ehrenbreitstein; in unserem fortgeschrittenen Jahrhundert ist sie nur noch ein historisches Mahnmal. Sie dient heute der Jugend aller Nationen als Ort der Zusammenkunft im Sinne der Völkerverständigung und des Friedens in der Welt. Die Festung wird von April bis Oktober angestrahlt; sie enthält ein Museum, Sammlung technischer Altertümer.

Karl der Große, Detail Karlsschrein, Aachener Dom

Tabellarische Übersicht zur älteren Geschichte des Rheingebiets zwischen Bingen und Koblenz

Einleitung

Im Mittelalter war dieses Gebiet zunächst „Königsland“. Anfang des 13. Jahrhunderts beginnt der Verfall der Königsmacht. Die Landesherren, in erster Linie die Kurfürsten, nämlich die drei geistlichen Kurfürsten, die Erzbischöfe von Mainz, Trier und Köln und der Pfalzgraf bei Rhein als weltlicher Kurfürst, vermochten sich immer mehr vom Einfluß des Königtums zu befreien. Sie wurden zusammen mit zahlreichen Grafengeschlechtern (Katzenelnbogen, Hessen u. a.) unumschränkte Landesherren in ihrem Territorium. Die folgende Tabelle zeigt die Entwicklung vor der Entstehung der Burgen, die Blütezeit der Burgen und des Rittertums und die weitere Geschichte dieses deutschen Kernlandes auf:

	Rheingebiet	außerhalb
55 vor Christi Geburt	Rheinübergang Caesar's bei Andernach. Beginn der Angriffe der Römer auf Germanien. Römische Kastelle am Rhein, wie: Moguntiacum = Mainz Banbodrium = Boppard Apud Confluentes = Koblenz Binginum = Bingen	
9 vor Christi Geburt	Drusus, Stiefsohn des Kaisers Augustus stirbt nach einem Einfall in Germanien und wird in Mainz begraben. (Drusus-Brücke in Bingen.)	
9 nach Christi Geburt		Armin der Cherusker vernichtet im Teutoburger Wald die Legionen des Varus.
13		Neue Feldzüge der Römer unter Germanicus.
69	Bataveraufstand: Eroberung der römischen Kastelle am Rhein mit Ausnahme von Mainz.	
84	Beginn des Limesbaues, Grenzwall gegen die Germanen zwischen Rhein und Donau.	
278	Probus führt die Weinrebe in das Rheinland ein.	
350–355	Alemannen und Franken erobern das linksrheinische Gebiet.	
401	Abzug der römischen Legionen.	
437	Hunnen zerstören Worms, die Hauptstadt der Burgunder (König Gundikar); historischer Hintergrund der Nibelungensage.	
451		Schlacht auf den Katalaunischen Feldern. Die Hunnen unter Attila werden zurückgeworfen.

476		Ende des römischen Kaiserreiches.
526		Theoderich der Große – der Dietrich von Bern der Sage – stirbt in Ravenna.
637		Jerusalem wird von den Arabern erobert.
768–814		Karl der Große. Beginn des Lehenswesens.
770–780	Erbauung einer Kirche über dem Grab St. Goar.	
727		Rückzugsschlacht gegen die Araber im Tal von Roncevalles (Rolandsage).
800		Kaiserkrönung Karls des Großen durch den Papst.
836	Weihe von St. Kastor in Koblenz.	
842	Bruderkrieg der drei Enkel Karls des Großen, Verhandlungen in St. Kastor.	
900–911	Ludwig IV. das Kind, letzter Karolinger-König, steht unter dem Einfluß des Erzbischofs Hatto von Mainz.	
919–936		Heinrich I. Übergang vom Volksheer zum Ritterheer.
922	Deutsche Bischofsversammlung in St. Kastor zu Koblenz.	
936–973		Otto I. der Große
975–1011	Willigis, Erzbischof von Mainz, Kanzler des Heiligen römischen Reiches unter Otto II., Otto III. und Heinrich II., erhält vom Papst das Recht der Königsweihe als „Primas Germaniae“. Bau des Mainzer Doms um 1000.	
um 1000		Entstehung der Burgen als Herrensitze. – Beginn der romanischen Baukunst.
1019	Erbauung von Ehrenbreitstein.	
1024–1039		Konrad II. Die Städte erhalten Markt- und Münzrechte. – Die Lehen werden erblich (constitutio de feudis).
1056–1106		Heinrich IV.
1062	Entführung des elfjährigen Königs aus der Kaiserpfalz Kaiserwerth. – Regentschaft des Erzbischofs Anno von Köln in Rivalität mit dem Erzbischof Sigfrit von Mainz.	
1066	Erster historischer Nachweis der Familien von Katzenelnbogen am Mittelrhein (Wappen: steigender Löwe mit Krone).	
1077		Bußgang König Heinrichs IV. nach Canossa vor den Papst.

1095–1102	Heinrich I. von Katzenelnbogen	
1096–1099		Erster Kreuzzug.
1105	Aufstand des Sohnes Heinrichs IV., dieser schwört in St. Kastor Treue, verrät den Vater, nimmt ihn in Bingen gefangen und läßt ihn absetzen.	
1106	Kaiser Heinrich IV. stirbt.	
1106–1125		Heinrich V.
1135	Graf Goswin von Höchstadt, der mit der Witwe Hildegard des 1102 verstorbenen Heinrich I. von Katzenelnbogen verheiratet war, nennt sich Graf von Staleck.	
1135–1152	Der Staufe Konrad III. wird in St. Kastor zum König gekrönt.	
1138	Die Ritter von Katzenelnbogen werden Grafen.	
1140	Der Halbbruder König Konrads, Heinrich, wird Graf von Staleck.	
1141	Graf Hermann, verheiratet mit der Schwester des Königs, Gertrud von Staufen, wird Graf auf Burg Staleck. – Philipp Graf von Katzenelnbogen wird Bischof in Osnabrück († 1173).	
1142	Graf Hermann von Staleck wird Pfalzgraf bei Rhein.	
1150		Aufkommen von Ritterwappen – Entwicklung der gotischen Baukunst – Beginn der Blütezeit der deutschen Dichtkunst: Hartmann von der Aue, Gottfried von Straßburg, Wolfram von Eschenbach, Walther von der Vogelweide
1152–1190		Kaiser Friedrich I. Barbarossa
1153	Strafgericht des Kaisers über Erzbischof Arnold von Mainz und den Pfalzgrafen Hermann von Staleck wegen Landfriedensbruch. Verurteilung Hermanns und 10 anderer Grafen, darunter Heinrich II. von Katzenelnbogen († 1160) zur Harnescharre (Hundetragen).	
1156	Tod Hermanns, Konrad der Halbbruder Kaiser Barbarossas wird Pfalzgraf auf Staleck (bis 1195).	
1159–1160	Mainzer Revolution – Ermordung des Erzbischofs Arnold.	
1163	Strafgericht über Mainz, Niederreißung der Stadtmauern, Ausfüllung des Stadtgrabens.	
1165	Aufhebung aller Privilegien.	

1173	Hermann von Katzenelnbogen wird Bischof zu Münster († 1203).	
1179	Tod der Äbtissin Hildegard der Heiligen von Bingen.	
1184	Pfingstfest Barbarossas in Mainz: Schwertleite der Söhne Heinrich und Friedrich.	
1189	Johannes Brömser von Rüdesheim erbaut zum Dank für Errettung aus maurischer Gefangenschaft die Kirche St. Jakobi zu Rüdesheim.	
1190		Dritter Kreuzzug und Tod Barbarossas.
1194	Vermählung der Tochter Agnes des Pfalzgrafen Konrad mit Heinrich, Sohn Heinrichs des Löwen: „Hochzeit von Staleck", Diether Graf von Katzenelnbogen wird von Walter von der Vogelweide in einem Gedicht gepriesen.	
1195	Tod des Pfalzgrafen Konrad. Belehnung Heinrichs des Welfen mit der Pfalzgrafschaft.	
1200–1230	Sigfrit II. Erzbischof von Mainz. Erbauung von Burg Vogtsberg, später Rheinstein genannt, durch den Erzbischof.	
1212	Krönung Friedrichs II. zu Mainz,	Kinderkreuzzug.
1214	Ludwig I. und sein Sohn Otto von Wittelsbach werden Pfalzgrafen. Residenz wird von Staleck nach Heidelberg verlegt.	
1214–1220	Diether Graf von Katzenelnbogen nimmt am Kreuzzug teil.	
1220	Erbauung der Burg Fürstenberg durch Engelbert I. Erzbischof von Köln, dem Vormund des Königs Heinrich VII.	
		Deutsche Städte werden reichsunmittelbar.
1235	Landfriedengesetz von Mainz.	
1240–1245	Erbauung der Burg Lahneck durch Erzbischof Siegfried III. von Mainz (1230–49)	
1243	Aussöhnung zwischen Erzbischof Konrad von Köln und Otto Pfalzgraf bei Rhein; dieser erhält die Burg Fürstenberg als Lehen.	
1245	Aufbau der Burg Rheinfels durch Diether Graf von Katzenelnbogen.	
1246	Elisabeth, Tochter des Pfalzgrafen Otto II., heiratet den späteren König Konrad IV.	

1253–1254	Rheinischer Städtebund. Der erzbischöfliche Stuhl zu Mainz wird „Heiliger Stuhl“ zu Mainz.	
1253–1293	Ludwig der Strenge Pfalzgraf bei Rhein.	
1254	Zerstörung der Burgen Reichenstein und Sooneck durch den Städtebund.	
1256	Wiederaufbau durch Philipp von Hohenfels.	
1256	Ludwig II. der Strenge Pfalzgraf bei Rhein (1253–1293) läßt seine unschuldige Frau Maria von Brabant hinrichten.	
1257–1273		Interregnum: Richard Graf von Cornwall, Bruder Heinrichs III. von England, wird von den rheinischen Großen zum König gewählt, kann sich aber nicht durchsetzen.
1260–1311	Eberhard I. von Katzenelnbogen, Begründer der jüngeren Linie.	
1268		Enthauptung des letzten Hohenstaufen Konradin in Italien.
1273–1291		Rudolf I. von Habsburg König.
1276	Tod Diether V. v. Katzenelnbogen, Begründer der älteren Linie.	
1281	König Rudolf I. bricht die Raubritterburgen Reichenstein und Sooneck.	
1283	Eberhard I. Graf von Katzenelnbogen († 1311) kauft die Marksburg von den Herren von Eppstein.	
1287	Adolf von Nassau Burgmann in Kaub	
1292–1297		Adolf von Nassau wird König.
1297	Absetzung König Adolfs durch die Fürstenversammlung in Mainz unter Erzbischof Gerhard.	
1308–1313		Heinrich VII. Graf v. Luxemburg König.
1313	Erzbischof Balduin von Trier (1308–1354) erwirbt die Pfandrechte über Boppard und Oberwesel.	
1314–1347		Ludwig der Bayer bis 1328 König, zugleich Pfalzgraf bei Rhein. Von 1328–1347 Kaiser.
1319	Tod des Pfalzgrafen Rudolf I., verheiratet mit Mechthilde, Tochter König Adolfs.	
1327	Erbauung einer Burg in Boppard durch Erzbischof Balduin von Trier.	

1329	Ludwig der Bayer überläßt seinem Neffen Rudolf II. († 1353) die Pfalzgrafschaft (Staleck, Fürstenberg, Pfalzgrafenstein).	
1331	Tod Wilhelms I. Graf von Katzenelnbogen, des „Herren zu Rheinfels".	
1338	Kurverein zu Rense. Die Kurfürsten beschließen, daß der deutsche König zugleich Kaiser ist – ohne Zustimmung des Papstes.	Aufkommen der Feuerwaffen.
1348		Hansabund der deutschen Städte.
1349	Hochzeit Karls IV. (1347–78) mit Anna, Enkelin des Pfalzgrafen Rudolf I. († 1319), auf Burg Staleck.	
1354	Kuno von Falkenstein Erzbischof von Trier bis 1388.	
1356	Goldene Bulle: vier weltliche Kurfürsten: Pfalzgraf bei Rhein, Markgraf von Brandenburg, Herzog von Sachsen, König von Böhmen und drei geistliche Kurfürsten, die Erzbischöfe von Mainz, Trier und Köln, wählen den König.	
1381	Landfriedensbündnis der rheinischen Kurfürsten zu Ehrenbreitstein.	
1385	Johann III. († 1444) Graf von Katzenelnbogen, jüngere Linie, heiratete Anna († 1439), Erbin der älteren Linie.	
1386		Gründung der Heidelberger Universität.
1395	Erbauung der Burg Neukatzenelnbogen (Katz) durch Johann III. v. Katzenelnbogen.	
1400–1410		Rupprecht von der Pfalz König.
1414–1418		Konzil zu Konstanz – Verbrennung Hus' – Absetzung und Gefangennahme des Papstes Johannes XXII., gefangengesetzt durch den Kurfürsten Ludwig III. von der Pfalz, ausgelöst durch die Medici, Florentiner Bankiers.
1438–1440		Kaiser aus dem Hause Habsburg.
1444–1479	Graf Philipp der Ältere von Katzenelnbogen, Gläubiger der rhein. Erzbischöfe.	
1458	Vermählung Heinrich III. Landgraf von Hessen mit Anna von Katzenelnbogen.	
1464	Ausbau der Burg Lahneck durch Erzbischof Diether von Mainz.	
1488–1523		Ulrich von Hutten.
1495	Befreiung Boppards vom Kurtrierer Joch durch Kaiser Maximilian.	

um 1500		Bau von Burgschlössern. Aufkommen der Landsknechtheere.
1504	Belagerung von Kaub durch den Landgrafen von Hessen. Die Burg über Kaub erhält den Namen „Gutenfels“.	
1517–1567	Philipp d. Großmütige, Landgraf von Hessen.	
1520		Franz von Sickingen in Reichsacht († 1523).
1521		Reichstag zu Worms (Luther).
1524–1525		Bauernkriege.
1540		Doppelehe Philipps des Großmütigen.
1546–1547		Schmalkaldischer Krieg.
1546		Reichsacht gegen Philipp den Großmütigen.
um 1555		Das Schloß tritt an die Stelle der Burg als Herrensitz. Für militärische Zwecke: Festungen mit Kasematten.
1557	Ende des Katzenelnbogenschen Erbstreites: Frankfurter Frieden.	
1618–1648		Dreißigjähriger Krieg. Lieselotte von der Pfalz heiratet den Herzog von Orléans.
1684–1697	Raubkriege Ludwig XIV. gegen die Pfalz. Landgraf Karl von Hessen verteidigt erfolgreich die Burg Rheinfels.	
1689	Zerstörung der Burg Staleck durch die Franzosen.	
1718	Räumung von Rheinfels gegenüber dem Reichsexekutionsheer.	
1797	Mainz und das linke Rheinufer werden französisch (Friede von Campo formio).	
1803		Aufhebung der Selbständigkeit aller geistlichen und vieler weltlichen Territorien lt. Reichsdeputationshauptschluß.
1812–1814		Krieg Napoleons gegen Rußland. Befreiungskriege.
1812	Übergang Blüchers mit der preußischen Armee bei Kaub über den Rhein.	
1815		Wiener Kongreß.
1823	Wiederaufbau der Burg Stolzenfels durch Kronprinz Friedrich Wilhelm IV. v. Preußen.	
1825	Wiederaufbau der Vogtsberg durch Prinz Friedrich v. Preußen als „Burg Rheinstein“.	

1834	Wiederaufbau der Burg Sooneck 1834 durch Kronprinz Friedr. Wilh. IV. von Preußen.

Bilderverzeichnis nach Burgen geordnet

Handschrift Heinrich Heines, Das Gedicht der Loreley.
Mittelrheinkarte, Stich aus dem 19. Jahrhundert.

Bingen mit Burg Klopp

Staatsbibliothek Berlin, Bildarchiv, Merianstich von Bingen.
Staatsbibliothek Berlin, Bildarchiv, Heinrich IV. Deutscher Kaiser, Fresko. Kniefall Heinr. IV. vor Papst Gregor VII. im Jahre 1077 (Farbf. F 5916).
Bildarchiv Foto Marburg, Gebetbuchdeckel der Hl. Hildegard † 1179. Einzug in Jerusalem (Nr. 101617/b).
Kunstanstalt d. Bibl. Inst. Hildeshaim. St. Rupertus Kloster bei Bingen, Stich D XXXIII.

Rüdesheim

Kunstverlag Karlsruhe, C. Frommel del/H. Winkles sculp, Stich: Boosenburg.
Alter Stich „Die Ruine bei Rüdesheim" (Brömserburg).
Foto Wilhelmig, Geisenheim: Ritter Fr. von Stockheim, Grabmal des Ehepaares Kirche zu Geisenheim.
Grabmal Heinr. u. Appolonia Brömser in St. Jakob zu Rüdesheim.
Foto Wilhelmy, Geisenheim: Joh. Richard Brömser † 1623; Maria Walpot zu Bassenheim † 1629.
Landeskonservator Hessen: Heinrich Engelhard Brömser (St. Jak. Rüdesheim)

Burg Ehrenfels

Rhein-Museum, Köln, Rep. eines Stichs v. Lange/Riegel 1832: Burg Ehrenfels.
Foto Helga Schmidt-Glassner, Stuttgart, Burg Ehrenfels.
Landesbildstelle Rheinl. Pfalz, Koblenz-Ehrenbreitstein (Nr. 4545); Heinr. VII. Gestühlwange in Trier.
Foto-Stiebel, Koblenz, Erzb. Kuno v. Falkenstein, Grabmal (Halbfigur) in St. Kastor zu Koblenz.
Landeskonvervator v. Hessen, Wiesbaden-Biebrich (Neg. Nr. 1928); Burgruine Ehrenfels (am Hang, vom Rhein aus gesehen).
Burgen Bibl. Bern MsA 45: Ermordung König Albrechts bei Brugg.

Mäuseturm

Rhein. Museum, Köln, Repr. eines Stichs v. Schütz/Havell: Mäuseturm 1820.
Stadt Bingen, Verkehrsamt, Mäuseturm

Burg Rheinstein

Stich v. Tombleson. del in H. Winkles sculp. aus d. 19. Jhd., „Castle de Rheinstein."
Foto Helga Schmidt-Glassner, Stuttgart, Kopfteil Rudolf v. Habsburg a. d. Krypta des Doms zu Speyer (Nr. 153).

Burg Reichenstein (Falkenburg)

Stich v. Tombleston u. H. Winkles sculp. Ruins of Falkenberg aus d. 19. Jahrh.
Foto Helga Schmidt-Glassner, Stuttgart, Burg Reichenstein mit Blick ins Rheintal.
Foto Helga Schmidt-Glassner, Stuttgart, Grabmalfigur Rudolfs v. Habsburg, Dom zu Speyer.
Foto Helga Schmidt-Glassner, Stuttgart, Erzbischof Sigfrid Eppstein, Dom zu Mainz.

Klemenskapelle

Rhein. Museum, Köln, Dielmann/Lang, „Clemenskirche 1853“.

Burg Sooneck

Foto Willi Klar, Frankfurt-M. (Bild Nr. 50) Johannes Marschalk von Waldeck † 1364, Pfarrkirche Lorch.
Landesamt f. Denkmalpflege Rheinl. Pfalz, Foto-Archiv (Nr. 60/2175): Burg Sooneck mit Schildmauer.
Landesamt f. Denkmalpflege Rheinl. Pfalz, Foto Archiv 138, Burg Sooneck mit Blick ins Rheintal.

Heimburg

Ulrich v. Hutten, Holzschnitt aus Huttens „Gesprächsbüchlein“ v. 1521.
Landesbildstelle Rheinl. Pfalz, Koblenz (Nr. 891), Grabmal Franz von Sickingen.
Bildarchiv Foto Marburg (Nr. 115242) Grabmal d. Erzb. Peter Aspelt † 1320 im Dom zu Mainz.
Landesamt f. Denkmalpflege Rheinl. Pfalz, Ehrenbreitstein (Nr. 62/10441). Die Heimburg mit Schildmauer v. flankierenden Türmen.

Burg Fürstenberg

Rhein. Museum, Köln, Repr. Batty/Lewis 1824 B. Fürstenberg.
Landesbildstelle Rhl. Pfalz, Foto Archiv 402, Ruine Fürstenberg.

Burg Nolling oder Nollich

Willi Klar, Frankfurt-M. (Nr. 4) Ritter Johann v. Breitbach † 1511 u. Frau † 1500.
Willi Klar, Frankfurt-M. (Nr. 13) Johann Marschalk v. Waldeck † 1364.
Willi Klar, Frankfurt-M. (Nr. 28) Johann v. Eschbach u. Frau † 1469.
Willi Klar, Frankfurt-M. (Nr. 31) Johann Hilchin † 1512 u. Frau † 1512.
Willi Klar, Frankfurt-M. (Nr. 38) Philipp Hilchin † 1517 u. Frau † 1480.
Willi Klar, Frankfurt-M. (Nr. 43) Ganzfigur Ritter v. Hilchen † 1548.
(Alle Grabmale befinden sich i. d. Pfarrkirche zu Lorch.)
Landeskonservator v. Hessen, Wiesbaden-Biebrich (Neg. Nr. 3301): Burg Nolling.
Landesbildstelle Rhl. Pfalz, Foto Archiv 401, Nollich mit Lorch u. Toteninsel.

Burg Staleck

Merianstich Schloß Staleck.
Rud b. Jüngel, Ruines de Staleck, Stich 19. Jahrh.
Staatsbibliothek, Bildarchiv Berlin, Friedr. T. m. s. Söhnen, Miniatur Weingarten 1179–1191 Original Landesbibliothek Fulda (Nr. 169/9919).
Staufischer Ritter Miniatur a. d. Weingartner Liederhandschr. im 1400, entnommen: „Ritter, Burgen, Turniere“ v. H. Pleticha, Arena Verlag Würzburg.

Staatsbibliothek, Bildarchiv Berlin (F 540 a) farbige Miniatur: Kaiser Friedrich I. als Kreuzfahrer.
Max Tutta Koblenz (L 115 B 27 MH 98) Kreuzfahrerschiff 12./13. Jahrh.
Staatsbibliothek, Bildarchiv Berlin (140/8788) Heinrich VI. aus der manessichen Minnesängerhandschrift 14. Jahrh.
Rhein. Bildarchiv Verlag Greven Köln, Foto Toni Feldkirchen: Bildgeschichte aus 2000 Jahren: Erzbischof Reinald v. Dassel.
Staats-Bibliothek Bildarchiv Berlin (Lipp C c 52 F 904) Konradin von Staufen auf der Falkenjagd.
Staats-Bibliothek Bildarchiv Berlin (163/9731) Ludwig II. der Strenge bei Rhein.
Staats-Bibliothek Bildarchiv Berlin (817/3890) Konradin nimmt Abschied von seinen Lieben, n. Originalzeichng. v. Schweitzer.
Foto Helga Schmidt-Glassner, Stuttgart, Rudolf I. Pfalzgraf bei Rhein Kaufhauszinne, Mainz.
Mittelrhein. Landesmuseum Mainz (S 3106) König Ludwig d. Baier † 1347 Kaufhauszinne Mainz.
Staatsbibliothek Bildarchiv Berlin (408) Kaiser Karl IV. mit Sohn u. Bischöfen, Miniatur aus d. Goldenen Bulle Karls IV.
Staatsbibliothek Bildarchiv Berlin, Kaiser IV. Krönungsmahl, Miniatur aus der Goldenen Bulle Karls IV.
Landesamt f. Denkmalpflege Rheinl. Pfalz (63/1080) Foto Knapp Mainz: Burg Staleck Zisterne.
Ratisbona Kunstverlag, Ludwig I. u. Ludmilla, Zisterzienser-Abtei Seligenthal.

Burg Gutenfels und Pfalzgrafenstein

Staatsbibliothek Bildarchiv Berlin, Merian: Gutenfels mit Pfalzgrafenstein.
Foto Sachsse, Bonn: Grabmal Erzb. Engelbert II. v. Köln, Bonner Münster.
Landesamt f. Denkmalpflege Rheinl. Pfalz (371/9) Foto Knapp, Mainz. Burg Gutenfels Eingang zur Kernburg vom Westen.
Landesamt f. Denkmalpflege Rheinl. Pfalz (371/29) Foto Knapp: Gutenfels Seitenansicht.
Rhein. Museum, Köln, Repr. Tombleson/Tingle: Gutenfels, Kaub u. Pfalzgrafenstein, Stich 1832.
Foto Helga Schmidt-Glassner, Burg Gutenfels mit Kaub u. Pfalzgrafenstein.
Landesbildstelle Rheinl. Pfalz, Foto Archiv 125, Pfalzgrafenstein m. Burg Gutenfels.
Landesbildstelle Rheinl. Pfalz, Foto Archiv 525, Pfalzgrafenstein.
Landesbildstelle Rheinl. Pfalz, Foto Archiv 129, Gesamtansicht Pfalzgrafenstein.
Landesbildstelle Rheinl. Pfalz, Foto Archiv 5774, Innenhof Pfalzgrafenstein.

Schönburg

Dietmann del/Lang, Vues du Chateau de Schönberg Stich 19. Jhd.
Landesamt f. Denkmalpflege Rheinl. Pfalz (4544) Erzb. Balduin v. Trier.
Foto Helga Schmidt-Glassner, Stuttgart, Grabmal d. Ritterehepaars von Ottenstein um 1500 Liebfrauenkirche Oberwesel.
Maccanlay's Geschichte v. England: Portrait Gallerie Verlag Westermann / Friedr. Herzog Duke of Schomberg † 1689.
Oberwesel, Johannes v. Schönburg † 1604, Liebfrauenkirche Oberwesel.
Oberwesel, Friedr. v. Schönburg † 1550, Liebfrauenkirche Oberwesel.

Burg Rheinfels

Frommel v. H. Winkles sculp, Rheinfels mit Rheinufer Stich 19. Jahrh.
Verlag Schöning u. Co. Lübeck (Best. St. Goar 42) Burg Rheinfels.
Bildverlag Foto-Heinz Limburg, Kunstkarte Stammburg Katzenelnbogen.
Aus d. Burgführer: Burg Hohenstein in Nassau.
Aus d. Burgführer: Burg Reichenberg nach Dilich.

Staatl. Landesbildstelle Hessen, F'furt (4038) Eberhard I. v. Katzenelnbogen † 1311.
Miniatur a. d. Manessischen Liederhandschrift: „Herr Walther von der Vogelweide".
Bildarchiv Foto Marburg (14014), Grabplatte Wilh. III.
Landeskonservator v. Hessen, Archiv Wiesbaden (Nr. 1847) Grabmal Philipp d. J. von Katzenelnbogen † 1453.
Landeskonservator v. Hessen, Wiesbaden (Nr. 1854) Grabmal Philipps d. Ä. von Katzenelnbogen † 1479.
Bildarchiv Foto Marburg (Nr. 14009) Grabmal Heinr. III. Ldgr. v. Hessen † 1500.
Staatl. Landesbildstelle Hessen, F'furt (Nr. 31001012) Philipp d. Großmütige † 1567.
Staatsbibliothek Bildarchiv Berlin (Nr. 97/7390) Philipp d. Großmütige, Landgraf v. Hessen Holzschnitt v. L. Cranach.
Staatsbibliothek Bildarchiv Berlin (Nr. 853/4705) Standbild Philipps des Großm. an seinem Prachtmonument St. Martin in Kassel.
Foto Stiebel Koblenz (Nr. 2594/4) Grabmal Elisabeths, Gattin Philipps II. Stiftskirche.
Foto Stiebel Koblenz (Nr. 2594/5) Grabmal Philipp II. Ldgr. v. Hessen, Stiftskirche.
Hessisches Staatsarchiv, Marburg, Landgraf Moritz v. Hessen † 1632.
Dilich, Wilh., Rheinfels um 1620 v. D.
Hessisches Staatsarchiv, Marburg, Landgr. Ernst v. Hessen † 1693.
Foto Stiebel, Koblenz, Schildmauer d. Kernburg u. Uhrturm.
Foto Stiebel, Koblenz, Zugang zur Kernburg.
Foto Stiebel, Koblenz, Inneres des Saalbaues.
Städt. Museum Wiesbaden: Diether IV. v. Katzenelnbogen † 1245.
Städt. Museum Wiesbaden: Diether V. v. Katzenelnbogen † 1276.

Burg Katz

Rhein. Museum, Köln, Repr. Batty-Varall Loreley Stich 1824.
Staatl. Landesbildstelle Hessen, Frankfurt, Archiv Foto 7048 b, Grabmal Graf Johann III. v. Katzenbogen † 1444.
Landesbildstelle Rheinl. Pfalz, Foto Archiv LU 1818, Burg Katz.

Burg Maus (Deuernburg)

Joh. Poppel/Lange, Wellmich u. Thumberg Stahlstich 19. Jhd.
Landesamt f. Denkmalpflege Rheinl. Pfalz, Mainz (Nr. 6500): Burg Maus.
Foto Stiebel, Koblenz (Nr. 2594/1) Grabmal Erzb. Kuno v. Falkenstein St. Kastor, Koblenz.
Foto Stiebel Nr. 2594-2, Grabmal Werner v. Falkenstein St. Kastor, Koblenz.
Landesbildstelle Rheinl. Pfalz, Foto Archiv LU 548, Burg Maus.

Burg Sterrenberg

Joh. Riegel/Lange, Sterrenberg u. Liebenstein, Stahlstich 19. Jahrh.
Staatsarchiv Koblenz (Nr. 169/9899) Religiöses Portrait Erzb. Balduin v. Trier.
Foto Helga Schmidt-Glassner, Stuttgart, Grabmal Ehepaar Ritter v. Schwalbach, Boppard Karmeliterkirche.
Foto Helga Schmidt-Glassner, Stuttgart, Grabmal Ritter Siegfried v. Schwalbach, Boppard Karmeliterkirche.
Foto Hanne Zapp Mainz, Grabmal Ritter v. Diez, Mainz Stiftskirche.
Foto Tapprich Kaub a. Rh., Grabmal Coryn v. Nassau, Kirche zu Wellmich.
Landesbildstelle Rheinl. Pfalz, Foto Archiv 121, Kloster Bornhofen u. Ruinen St. u. L.

Burg Liebenstein

Foto Stiebel, Koblenz (Nr. 2594/3) Doppelgrabmal Friedl v. Liebenstein u. seiner Frau Sophie Schenk v. L. 15. Jhd.
Foto Helga Schmidt-Glassner, Erzb. Jakob v. Liebenstein † 1508. Mainzer Dom.
Foto Freiherr v. Preusschen, Burg Lahneck: Grabmal Franss von Liebenstein † 1581 u. Ehefr. Mary v. Euschringen † 1551.
Foto Freiherr v. Preusschen: Der von Liebenstein St. Arnual, Saarbrücken.

Marksburg

Albrecht Dürer, Marksburg Radierung, Marksburg Stich 18. Jahrh.
Landesbildstelle Rheinl. Pfalz 6092, Marksburg.
Landesbildstelle Rheinl. Pfalz 564 u. LU 6090, Marksburg.

Burg (Schloß) Stolzenfels

Rhein Museum Köln, Bartlett/Lang Stolzenfels Stich 1841.
Foto Helga Schmidt-Glassner (Nr. 2594/2) Grabmal Erzb. Werner v. Königstein-Falkenstein † 1418 St. Kastor, Koblenz.
Foto Jos. Zeiter, Hadamer (6XX), Merian: „Der Rhein v. Mainz bis Köln“: Schloß Stolzenfels.
Landeskonservator Rheinl. Pfalz Mainz: Stolzenfels vor dem Wiederaufbau.

Burg Lahneck

Landesbildstelle Rheinl. Pfalz, Foto Archiv LU 383 u. LU 6086, Burg Lahneck.
Landesamt f. Denkmalpflege Rheinl. Pfalz, Foto Archiv (358/70) Tor zum Halsgraben.
Rheinischer Verein für Denkmalpflege: Kapelle.

Ehrenbreitstein

Merian 1646, Feste Ehrenbreitstein z. Z. d. 30jährigen Krieges.
Foto Anna Bredol-Lepper Aachen, Detail Karl d. Große Karlsschrein Dom zu Aachen.
Landesbildstelle Rheinl. Pfalz Koblenz Archiv Foto 47: Ehrenbreitstein.

Die Fotos auf den Seiten 34, 63, 106, 107, 156 sind von Michael Jeiter, Aachen.